정치의 발견

정치의 발견

정치에서 가능성을 찾고자 하는 사람들을 위한 정치학 강의

1판 1쇄 | 2011년 1월 24일
1판 2쇄 | 2011년 2월 24일
개정1판 1쇄 | 2011년 11월 1일
개정1판 2쇄 | 2011년 11월 21일
개정2판 1쇄 | 2013년 2월 20일
개정2판 2쇄 | 2014년 5월 20일
개정3판 1쇄 | 2015년 11월 2일
개정3판 3쇄 | 2018년 10월 15일

지은이 | 박상훈

펴낸이 | 정민용
편집장 | 안중철
편 집 | 강소영, 윤상훈, 이진실, 최미정

펴낸 곳 | 후마니타스(주)
등록 | 2002년 2월 19일 제300-2003-108호
주소 | 서울 마포구 양화로 6길 19(서교동) 3층
전화 | 편집_02.739.9929/9930 영업_02.722.9960 팩스_0505.333.9960

블로그 | humabook.blog.me
S N S | humanitasbook
이메일 | humanitasbooks@gmail.com

인쇄 | 천일_031.955.8083 제본 | 일진_031.908.1407

값 12,000원

ⓒ 박상훈, 2011
ISBN 978-89-6437-238-8 03300

이 도서의 국립중앙도서관 출판시도서목록(CIP)은 e-CIP홈페이지(www.nl.go.kr/ecip)와
국가자료공동목록시스템(www.nl.go.kr/kolisnet)에서 이용하실 수 있습니다.(CIP제어번호: CIP2015029208)

개정판   정치의 발견   박상훈 지음

후마니타스

| 일러두기 |

1. 이번 개정판에는 하나의 장(章)이 추가되었다. "4강 민주주의를 이해하는 방법"이 그것이다. 애초 2011년 11월에 낸 『정치의 발견』초판에 이 내용이 들어 있었던 것을 저자의 다른 책에 옮겨 실었다가, 이번에 이곳 본래 자리로 되돌려 놓았다. 저자의 변덕 때문에 독자들에게 혼란을 준 점 죄송하다.

2. 본문에서 인용된 책의 한국어 번역본과 원서의 서지 사항은 다음과 같다.
   - 막스 베버 지음, 최장집 엮음, 박상훈 옮김, 『막스 베버, 소명으로서의 정치』(후마니타스, 2013).
   - 사울 D. 알린스키 지음, 박순성 옮김, 『급진주의자를 위한 규칙』(아르케, 2008).
     Saul Alinsky, *Rules for Radicals* (Random House, 1971).
   - 버락 오바마 지음, 홍수원 옮김, 『담대한 희망』(랜덤하우스, 2007).
     Barack Obama, *The Audacity of Hope : Thoughts on Reclaiming the American Dream* (Crown, 2006).
   - 버락 오바마 지음, 이경식 옮김, 『내 아버지로부터의 꿈』(랜덤하우스, 2007).
     Barack Obama, *Dreams from My Father : A Story of Race and Inheritance* (Times Books, 1995).
   - 데이비드 헬드 지음, 박찬표 옮김, 『민주주의의 모델들』(후마니타스, 2010).
     David Held, *Models of Democracy* (Polity Press, 2006).
   - E. E. 샤츠슈나이더 지음, 현재호·박수형 옮김, 『절반의 인민주권』(후마니타스, 2008).
     E. E. Schattschneider, *The Semisovereign People : A Realist's View of Democracy in America* (Wadsworth Publishing, 1961).
   - 셰리 버먼 지음, 김유진 옮김, 『정치가 우선한다』(후마니타스, 2010).
     Sheri Berman, *The Primacy of Politics* (Cambridge University Press, 2006).

3. 외국어 원서들의 인용은 한국어 번역본을 따랐지만, 의미가 불명료하거나 문맥에 따라 표현을 변용할 필요가 있을 때는 원문을 참조해 수정했다. 딱딱한 학술서의 느낌을 주지 않으려 인용문마다 원서나 번역본의 쪽수를 표기하지는 않았다.

차
례

강의를 시작하며

쟁점의 해결을 위해서가 아니라 논쟁의 수준을 높이기 위해서다.
―알버트 O. 허쉬만, 『열정과 이해관계』에서

1

인간이 선하기만 한 것은 아니며, 인간의 삶에서 슬픔과 고통을 피할 수 없음을 우리 모두는 잘 알고 있다. 삶의 보람과 의미를 갖게 하는 것도 인간이지만 치유될 수 없는 상처와 고통을 안겨 주는 존재 역시 인간이라는 사실도 틀림없는 일이다. 누구든 늙고 병들고 결국 죽는다는 '인간 운명의 비극성'을 받아들일 수밖에 없기도 하다. 그런데도 어떻게 우리는 일상의 삶의 조건을 좀 더 좋게 바꿔 보려는 적극적 사회 개혁의 의지를 견지할 수 있을까?

우리 모두가 완벽할 수 없는 불완전한 존재이지만, 공동체의 일원으로서 맡은 바 역할을 하면서 시민으로서 자부심을 일궈 나갈 수 있을까? 어떻게 하면 있는 그대로의 인간 현실 속에서도 바람직한 정치 공동체에 대한 희망을 상실하지 않을 수 있을까? 어떻게 해야 정치의 세계와 대면하는 것을 회피하지 않고 또 정치가 제공하는 긍정적 가능성에 주목하면서, 정치에 참여해 변화를 개척해 갈 수 있을까?

이런 궁극적인 질문을 염두에 두면서 필자는 이 책 전체에 걸쳐, 지금보다 나은 사회를 꿈꾸며 좋은 정치를 실천하고자 하는 민주주의자들이 꼭 알아 두었으면 하는 것들에 대해 이야기해 보고자 한다.

2

먼저, 1강에서는 '정치는 왜 중요한가' 하는 문제를 다룬다. 정치(정치인, 정당, 정치 활동)를 야유하고 조롱하는 것이 유행처럼 되어 버렸지만, 그래도 왜 정치를 옹호할 수밖에 없는지에 관한 나의 생각을 이야기하게 될 것이다.

2강에서는 '정치란 무엇인가'를 다룬다. 인간의 사회 활동 가운데 정치가 갖고 있는 특징은 어떤 것인지, 누군가 정치를 한다고 할 때 그가 감당해야 할 윤리적 문제는 무엇이고, 갖춰야 할 자질은 어떤 것인지에 대해 살펴본다.

3강에서는 '정치를 어떻게 다루고 실천할 것인가'를 살펴본다. 민주주의가 열어 놓고 있는 '가능(성)의 공간'을 제대로 활용하기 위해서는 '정치의 방법'을 익히는 것이 중요한데, 이를 위해 인간에 대한 이해에서부터 시작해 권력에 대한 태도, 소통·타협·갈등·유머 등에 대한 좋은 이해가 필요함을 이야기하게 될 것이다.

4강에서는 '민주주의를 이해하는 방법'을 주제로, 민주주의에 대한 기존의 잘못된 관점과 시각을 비판적으로 다룬다. 우리의 민주정치가 여러 측면에서 어려움을 겪고 있다면 그 원인 가운데 하나는 민주주의를 잘못 이해한 데에도 있다는 것을 이야기하게 될 것이다.

5강에서는 '민주주의 초기 단계에서 서구의 진보파들이 겪었던 정치적 경험'을 다룬다. 특히 19세기 말에서 20세기 초 서유럽의 좌파 정치가 실패할 수밖에 없었던 원인을 살펴보고, 그로부터 우리가 배울 것들을 이야기할 생각이다. 그러면서 좀 더 현실적이고 실천 가능한 정치론의 중요성을 강조하게 될 것이다.

6강에서는 '정치적 이성과 그것을 이끄는 말의 힘'을 다룬다. 진보는 대개 옳음에 대한 열정을 앞세우기 쉬운데 그것만으로는 왜 정치적으로 성공하기 어려운지를 생각해야 한다고 본다. 파당적 열정을 갖되 말은 아름다워야 하고 이성적 판단에 의해서도 스스로를 돌아볼 수 있어야 한다는 점을 말하게 될 것이다.

결론에서는 민주주의를 그 가치와 이상에 가깝게 발전시키고자 한다면 어떤 문제 인식을 가져야 할지를 집약해서 말하는 동시에, 진보적이기만 해서는 충분치 않으며 정치적으로나 인간적으로 좀 더 깊고 넓은 인식을 가져야 함을 이야기할 것이다.

3

이 책은 '작은 강의'의 산물이다. 정치가 심상정 씨가 원장으로 있는 '정치바로아카데미'에서 마련한 강의였는데, 2010년 11월 13일부터 12월 11일까지 매주 토요일 아침 두 시간 반씩 총 5회에 걸쳐 이루어졌다. 쉽게 예상할 수 있는 일이겠지만, 수강했던 사람들 대부분은 우리 사회의 대표적인 진보파들이었다. 이들 가운데는 정치를 해야 할 상황에 있으면서도 '정치를 해야 하나 말아야 하나.'를 고민하는 사람도 있었고, 이미 정치의 세계에 들어와 있는데도 "나는 정치를 직업으로 삼고 있는 사람입니다."라고 말하기를 쑥스러워 하는 이들도 있었다. 물론 가장 많은 수강자들은, 정치가의 길을 가고자 하는 결심은 섰지만, '어떤 정치를 어떻게 할 것인가.'에 대한 자신의 소명 의식을 좀 더 분명히 정립하고 싶어 하는 사람들이었다.

이들 앞에서 강의하는 일은, 다른 누구보다도 강사인 나 자신에게 좋은 자극이 되었다. 강의를 하는 내 입장은 정치학이 갖는 '현실 구속성'이라는 운명 때문에 늘 위태위태했는데, 이론과 원리를 말하는 내게 그들은 늘 지금의 상황에서 무엇을 어떻게 해야 하는지를 물었기 때문이다. 그런데 '정치학'과 '정치'가 부딪히면서 만들어 내는 그 위태로움이 내게는 묘한 활력을 갖게 했다. 강의를 마칠 때마다 나는 늘 새로운 숙제를 받아 든 느낌이었다. 경제economy와 경제학economics, 사회society와 사회학sociology처럼, 대개의 경우 학문과 학문의 대상을 가리키는 말이 따로 있는 데 반해, 정치나 정치학은 모두 영어로 동일한 단어인 politics로 표기된다는 사실이 새삼스럽게 여겨지기도 했다.

강의 내용을 준비하고 제기되는 질문마다 좀 더 나은 답을 찾으려고 노력하면서, 그리고 강의를 마친 후 수강자들의 반응과 질문을 수용해 내용을 수정하고 글을 다듬으면서, 실제로 존재하는 현실의 정치를 대상으로 정치학을 말할 수 있다는 경험이 나를 흥분시켰다. 정치학으로 박사 학위를 받은 지 10년 만에 처음으로 '내가 정치학을 하고 있구나.'라는 생각을 했다.

그래서 이제부터 할 이야기는 내가 정치학에서 배웠고 현실의 정치를 경험하면서 이해하게 된 것 가운데 '적어도 이 정도의 생각은 우리가 공유해야 하지 않을까.' 하는 내용이 될 것이다. 그런데 문제는 그것이 매우 일면적일 수 있다는 사실이다. 근본적으로 그것은 우리 사회에서 가장 결핍되어 있다고 여겨지는 '특정 계보의 정치관'을 강조해서 말해 보고자 하는 필자의 의도에서 비롯된 바크다. 그러므로 이 책은 인간과 정치를 이해하는 문제에 있어 '하나의 의견 내지 주장'으로 이해되어야 하며, 그래야 모두에게 공정한 일이 될 것이다.

4

많은 사람들이 필자가 말하는 그 '특정 계보의 정치관'이 무엇인지를 묻는다. 그것은 일반적으로 '현실주의 정치관'이라 불리는 생각을 말하는데, 현실주의 정치관이라고 하면 대부분은 계산과 실리에 밝고 권력정치나 추구하는 그런 것으로 오해한다.

그런 것도 현실주의 정치관이라고 할 수 있겠지만, 이 책에서 필자가 발전시키고자 하는 정치관은 좀 다르다. 그보다는 어떤 희망적 사고나 도덕주의로부터 벗어나 인간과 사회를 있는 그대로 이해하는 것에 기초를 둔 정치관이자, (이탈리아 출신 정치학자 조반니 사르토리의 용어를 빌리자면) 정치를 이해하는 방법에서의 현실주의를 뜻하는 '인지적 현실주의'에 가깝다고 하겠다.

인간을 이해하고 사회를 좋게 만드는 문제와 관련해 필자는 이른바 '착한 이론'을 잘 신뢰하지 않는 편이다. 운동과 공동체에 대한 헌신을 내세우며 개인의 권리를 가볍게 여기거나 역사·이념·민중을 과도하게 이상화하는 이론들을 좋아하지 않는다. '급진적', '운동적', '시민적' 등의 접두사를 습관처럼 사용하는 일도 경계하며, 자신의 진보성을 앞세우거나 도덕적 무기로 삼는 일 또한 좋지 않다고 생각한다. 자신이 얼마나 진보적인가를 과시하면서 행세하려는 사람과는 거리를 두려 한다.

인간의 현실을 그렇게 다루면 시대정신이나 역사의식을 앞세우고 자신의 옳음을 내세우게 되는데, 역설적이게도 그런 사람들은 주변을 온통 어두운 분열과 상처로 얼룩지게 만들기 쉽다. 자신의 주장에 대한 확신도 과도해서 자신과 생각을 달리하는 견해를 최대한 욕보이고자 하는 열정을 잘 억제하지 못할 때가 많다. 설득력 있는 논리를 세우고 실증적 자료도 준비하는 등의 성실함은 경시된다. '술로 일하는' 악습이 반복되기도 쉽고, 약한 근거를 메울 길이 없으니 말과 행동이 과격해지고 때로는 순교자적 의지를 과장되게 나타내기 쉽다. 이런 종류의 사람이 많아지면 어떤 정치조직도 협력과 단결을 유지하기 어렵다.

누구도 그렇게 많이 알 수 없고 확고부동한 판단을 얻기 어렵다는 불가지론, 인간이 아무리 노력해도 이룰 수 없는 것이 있다는 회의주의, 어느 하나의 이념이 진리를 독점할 수 없다는 다원주의의 관점으로도 인간과 사회를 들여다볼 수 있어야 하고, 자신이 옳다고 믿고 주장하는 것에도 어느 정도 절제가 필요하다고 본다.

그럴 때에만 이견으로부터도 배우려 하고, 또 그런 사람들과 협력할 수 있다. 비록 기대한 만큼 성취하지 못해도 다시 또 노력하고 꾸준히 실천할 수 있다. 함께할 수 있는 사람과 세력의 범위도 넓히고 그들 사이의 신뢰도 높여 나갈 수 있다. 이 책 전체를 통해 강조하겠지만 필자가 갖는 현실주의 정치관이란 이런 것이라 하겠다.

5

강의가 그랬듯이 이 책에서도 '진보파에게 말 걸기' 형식으로 이야기를 진행할 것이다. 물론 필자가 말하고자 하는 이야기가 반드시 진보파에게만 해당된다고 보지는 않는다. 진보, 보수를 떠나서 '좋은 정치'의 꿈을 가진 사람이라면 누구나 대화에 참여할 수 있다고 생각한다. 다만 내가 보수파들과 '정치의 문제'에 대해 깊이 대화를 나눠 본 경험이 없어서 그들에게 어떻게 말을 걸어야 하는지를 잘 알지 못할 뿐이다. 언젠가는 내게도 그런 기회가 오길 바란다.

인간이란 누구나 자신과 오랫동안 가까이 지낸 사람들과 만나고 대화하고 어울리는 게 편하고 즐거운 법이다. 내게 있어 그런 사람들은 주로 진보파로 분류되는 사람들이다. 그런 인간관계의 편협함을 벗어나고 싶은 생각이 없는 것도 아니고 또 진보파들의 주장과 행태 가운데 내가 싫어하는 것들도 많지만, 그래도 이들은 지금까지 나의 삶을 지지해 준 벗이자 선배, 후배들이다. 나는 그들과 어울리는 게 여전히 편하고 좋다.

나는 우리 사회를 좀 더 인간이 살 만한 사회로 변화시키는 데 있어서 진보파가 해야 할 정치적 역할이 크고 중요하다고 생각한다. 그들은 아직 젊고 가능성을 갖고 있으며, 무엇보다도 공익에 대한 열정과 옳은 일을 하고자 하는 정의감이 있다. 그들에게 정치의 길이 새로운 기회가 되기를 바란다. 대개의 경우 우리 사회 진보파는 '운동(성)'을 강조하면서 정치를 멀리하는데, 그러지 말고 민주주의에서 정치가 제공하는 가능성에 주목하길 진심으로 촉구하고 싶다. 그들이 좋은 의미에서 제대로 '정치적'이 되었으면 좋겠고, 정치적으로 성공하기를 바란다. 꼭 정치의 세계에 직접 뛰어들어야 한다는 것은 전혀 아니다. 인간에게 있어서 정치가 갖는 의미를 좀 더 깊고 넓게 이해해 보는 것만으로도, 정치를 바꿀 수 있는 인식적 기반과 문화적 토양을 풍부하게 만들 수 있다.

그렇게 해서 진보와 보수가 정치적으로 멋지게 경쟁하고 나아가서는 공익에 기여할 수 있는 좋은 성과를 일궈 갈 수 있었으면 한다. 아무것도 달라지는 것 없이 격렬하기만 한 한국 정치의 오랜 '불모의 흥분 상태'를 이제는 끝냈으면 좋겠다. 한국 민주주의가 사회의 다양한 목소리와 가치를 담아내는 풍부한 대화의 세계로 나날이 전진하는 것을 볼 수 있다면 정말 좋겠다. 그 바람은 필자가 속해 있는 진보의 영역에서부터 좋은 정치적 인식이 성장하고 좋은 정치가 나오는 것에서 시작될 것이다. 제대로 된 '정치적 이성의 탄생'을 기대하면서, 이제 강의를 시작한다!

정치는 중요하다

아테네에서 각 개인은 자신의 일에 대해서만이 아니라 정치 공동
체에 대한 일에도 관심을 갖는다. …… 우리는 정치에 관심을 갖
지 않는 사람들에 대해, 자신의 일에만 전념하는 사람이라고 하
지 않고 아테네에서 하는 일이 없는 사람들이라고 말한다.
―투키디데스, 『펠로폰네소스 전쟁사』의 "페리클레스 추도 연
설" 중에서

1
상식화된 생각을 넘어서

강의에서도 그랬지만 이 책에서도 필자는, 정치가 중요하다고 말하며 정치를 하고자 하고 그만한 인식과 능력을 갖춘 사람이라면, 그에게 '기꺼이 정치를 하라.'고 권하고 있다. 정치란 놀라운 분야이고, 소명 의식을 갖춘 사람들이 정치가가 되는 것은 도전할 만한 아름다운 선택이라고 보기 때문이다. 그런데 이는 분명 우리 사회의 상식에 반하는 권고가 아닐 수 없다.

상식이라 불리는 우리 사회의 지배적인 의견은 '정치하지 말라.'는 것이다. 정치는 '더러운 인간들이나 하는 짓'이고, '믿을 수 없는 직업'을 대표하는 말이기도 하다. 드라마나 영화에서 "정치가가 하는 말을 믿어?"라는 대사가 나올 때가 있는데, 흥미로운 것은 그것으로 더 이상의 대화는 이어지지 않는다는 사실이다. 모두 그렇다고 수긍하거나 그러지 않으면 안 되는 듯이 반응한다.

그 상황에서 누군가 나서서 "믿을 만한 경우도 많지."라고 대답하거나 그런 질문 자체가 잘못 아니냐고 되묻기라도 한다면 아마 이상한 사람으로 받아들여질지 모른다. 사정이 이러니 누가 정치를 하겠다고 나서며, 정치를 직업으로 삼고 있다고 떳떳하게 말할 수 있을까.

우리 사회의 대표적인 진보 정치가라고 할 수 있는 노회찬 씨에게서 안타까운 이야기를 들은 적이 있다. 2008년 18대 총선에서 근소한 표차로 떨어진 직후의 일이었다고 한다. 우연히 길을 가다가 지역구 주민이자 평소 자신을 열성적으로 지지해 주었던 젊은 부부를 만났다. 그런데 그 부부가 하는 말이, 자신들은 노 후보가 당선되어 정치인이 될까 봐 걱정해서 내심 떨어졌으면 했다는 것이다. 그래도 실제로 떨어지고 나니 미안한 생각이 들었다고 했다.

노회찬 씨는 상상도 못했던 일이라 깜짝 놀랐지만 그 부부가 무안해 할까 봐 웃으면서 "제가 정치인이 되어야지 아님 왜 출마했겠어요. 그럼 누굴 찍으셨어요?"라고 물었다. 그랬더니 당연히 노회찬 씨를 찍었다고 말했다. 노회찬 씨를 신뢰하고 지지하지만 그래도 그가 정치인이 되지 않았으면, 그래서 정치에 오염되지 않았으면 하는 그 복잡한 심리를 전해 들으면서, 정치를 자연스럽고 긍정적으로 받아들이게 하는 것이 얼마나 중요한 일인가를 절실하게 느꼈다.

2
반정치주의는 왜 문제인가

"정치학이란 상식에 반하는 학문이다." 대학원에서 내가 정치학을 배웠던 최장집 교수가 자주 한 말이다. 학생들이 우리 주변에서 흔히 볼 수 있는 정치관을 무비판적으로 수용해 지극히 평범한 주장을 할 때마다 선생은 그 말을 힘주어 강조하곤 했다. '상식에 반하는 학문'이라는 표현의 강력함을 잊을 수 없어 나도 가끔 인용하는데, 나의 선생이 한 말 가운데 가장 멋지다고 생각했던 말은 다음이다.

"민주주의를 싫어하는 사람들조차 민주주의를 직접 공격하지는 못한다. 대신 그들은 정치와 정당, 정치가를 욕하고 비난함으로써 민주주의의 위력을 무력화시키고자 한다."

정치·정당·정치가에 대한 도덕적 비난이나 대책 없는 야유가 사실은 민주주의를 향한 공격일 때가 많다는 것을 이보다 더 잘 표현할 수 있을까.

정치가라면 이런 반反정치주의에 대해 나름대로의 대답을 갖고 있어야 할 것이다. 그것도 아주 설득력 있는 대답이어야 할 것이다. 그들이야말로 언제든 "왜 하필 정치냐?"라는 상식화된 질문에 시달릴 수밖에 없기 때문이다. 강의를 통해 그 대답의 단초를 제공하고자 노력하겠지만, 우선은 버락 오바마의 사례가 좋은 참고가 될 듯해 먼저 소개한다.

그의 책 『담대한 희망』은 정치에 나선 오바마에게 많은 사람들이 "왜 정치판처럼 더럽고 추잡한 곳에 뛰어들려고 하는가?"를 묻는 장면으로 시작한다. 오바마는 이렇게 대답한다.

"그런 회의적 시각을 갖는 것을 이해한다. 하지만 정치에는 또 다른 전통이 있다. …… 그것은 아주 단순하고 분명한 생각에 기초를 두고 있다. 우리는 서로서로에 대해 관심과 이해관계를 갖고 있고, 그 때문에 우리를 하나로 결집시키는 힘이 분열시키는 힘보다 더 강하다는 것이다. 지금보다 더 많은 사람들이 그런 생각이 옳다고 믿고 그에 따라 행동한다면, 모든 문제를 해결하지는 못해도 상당한 성취를 이룰 수 있다. …… 정책의 우선순위를 약간만 조정해도 모든 어린이가 자신의 인생을 개척해 나가도록 도와줄 수 있고 국가적으로 당면한 여러 어려운 문제들에 잘 대처할 수 있다.”

오바마는 자신의 말에 사람들이 고개를 끄덕이며 참여할 방법을 물었을 때, 이런 생각을 했다고 한다. “그 순간 내가 무엇 때문에 정치에 뛰어들었는지를 새삼 깨닫는다. 바로 그 순간, 나는 내 인생에서 그 어느 때보다도 열심히 뛰고 있다는 느낌을 갖게 된다.” 여러분에게도 ‘그 순간’이 있었는가? 아직 경험하지 못했다면 하루라도 빨리 그 순간을 꼭 만나게 되기를 바란다. 정치가가 될 생각은 없지만 시민으로서 제 역할을 다하고자 할 때에도, 그런 순간을 경험한 정치가를 찾아 지지해야 할 것이다. 소명 의식과 열정이 없는 정치가라면 분명 그에게는 그런 순간이 있을 리 없기 때문이다.

3
누가 정치를 부정하는가

그렇다면 반정치주의는 정말 왜 문제인가. 반정치주의란 정치가 좋아졌으면 하는 바람에서 나오는 건설적 비판과는 다르다. 우리가 반정치주의라 할 때 그것은, “정치를 경멸하고 조롱함으로써 일반 시민들이 정치에 기대를 걸지 못하게 하거나 정치의 가능성에 대한 냉소주의를 강화시키는 태도나 경향"을 가리킨다.

앞서도 지적했듯이 내심 민주주의를 싫어한다고 해서 민주주의를 공개적으로 공격하지는 못한다. 대신 반정치주의를 동원해 같은 효과를 얻을 수는 있다. 정당에 가입하고 투표에 참여하는 일을 무가치한 일로 치부하고, 그래 봤자 달라지는 것은 없다는 주장이 설득력을 얻는다면, 정치를 통해 새로운 변화를 추구하기는 어려울 것이다. 기존의 불평등한 사회 현실을 개선하는 데 있어서 정치의 방법이 미치는 효과도 제한적일 것이다.

이로부터 이득을 보는 세력이 존재하고 그들에 의해 정치에 대한 냉소주의가 끊임없이 생산되고 확산된다는 점에서, 반정치주의는 분명한 권력 효과를 갖는 이데올로기가 아닐 수 없다. 누가 정치를 부정하는가? 누가 사람들을 정치로부터 멀어지게 만드는가?

과거 박정희 군사정권은 정치인들에게 나라를 맡겼더니 사회만 혼란해졌다는 이유를 들어 자신들의 쿠데타를 정당화하려 했다. 1980년 '민주화의 봄' 시기 『조선일보』 김대중 고문은 한 칼럼에서 민주화 해봐야 정치인들의 사욕에 나라가 분열될 뿐이니 기존 정치인이나 정당이 아닌 '새 정치 세력'에게 나라를 맡겨야 한다는 논리로 전두환 세력의 집권을 정당화했다.

민주화 이후 반정치주의의 중심 세력은 재벌로 바뀌었는데, 삼성의 이건희 대표는 한국 정치를 3류도 아닌 4류로 야유해 유명해졌다. 정치를 낭비나 비효율의 원천으로 보는 재벌들이 민주주의를 긍정한다면, 아마도 그것은 자신들의 영향력을 견제할 정치의 능력이 최소화된 민주주의일 것이다.

정치를 권력 비리와 부정부패의 세계로 보면서 자신들이 강력한 수사 권한을 가져야 함을 늘 강변하는 검찰도 다르지 않다. 그들을 보면, 정치는 썩고 세상은 불법투성이라고 해야 자신들의 존재감이 커진다고 생각하는 사람들인 듯하다. 민주정치의 요체라 할 의회에서 국정감사가 있을 때마다 불성실한 태도로 일관하면서 정치인들 때문에 일을 못하겠다는 관료들의 대응도 같은 맥락에서 이해할 수 있다.

정치에 대한 언론의 보도 태도 또한 다르지 않은데, 이들에 의해 기술되는 현실의 민주정치란 "국민은 안중에도 없는 당리당략을 둘러싼 싸움" 이상이 아니고, 정확히 그 지점에서 모든 분석은 멈춘다. 그렇다면 이들이 바람직한 것으로 전제하는 정치란 갈등적이지 않고 정략도 계산도 작용하지 않는 어떤 것이 되는데, 아무리 생각해도 그건 민주주의와는 거리가 먼 유기체주의 혹은 전체주의적 정치관에 가까워 보인다.

안타깝게도 반정치주의의 경향이 보수파 내지 기성 체제의 수혜자에게서만 발견되는 것은 아니다. 시민운동의 연장선에서 정당과 정치를 부정적으로 보면서 시민 후보, 시민 정치를 말하는 사람들의 반정치주의는 뿌리 깊다. 진보파들의 세계에서도 정치에 대한 부정적 태도는 강한데, 심지어 진보 정치의 길을 열겠다는 사람들도 다르지 않다. 스스로를 정치인이라고 생각하는 사람은 많지 않으며, 직업 정치인이라는 말은 거의 욕으로 간주되기도 한다.

물론 진보파의 반정치주의는 지배의 욕구를 갖지 않는 도덕적 순수성에서 기인하는 바 크다고 볼 수도 있다. 그러나 바로 그 때문에 반정치주의가 더 강한 설득력과 정당성을 갖게 되는 일종의 '전도된 권력 효과'를 낳고 있다는 점도 생각해야 한다.

같은 지역에서 함께 자란 친구가 오랜 시민운동 끝에 진보 정당의 국회의원 후보로 출마했을 때 자기 일처럼 도와준 사람이 있다. 동네에서 작은 가게를 운영하는 그는, 자기 친구를 지지했고 선거운동도 도왔다. 그런데 막상 투표는 다른 후보에 했다고 한다. 그 이유를 묻자, "그 친구는 정치를 하려는 게 아니잖아요. 시민운동을 위해 나온 거니까, 정치인이 되어서 욕먹을 필요까지는 없지요."라는 대답이 돌아왔다. 그러면서 투표는 당선 가능성이 있는 쪽에 했다는 말을 덧붙였다.

정치가 부정당하면 정치를 좋게 만들려는 노력도 부정당하기 쉽고 당연히 진보적인 정치의 길을 넓히기도 어렵다. 민주정치의 발전을 생각한다면, 그리고 진보적 대의와 사회 약자들의 권익을 위한 정치를 생각한다면, 먼저 진보 내부에서도 강력한 힘을 발휘하고 있는 반정치주의와의 힘겨운 싸움에서 승리해야 하는 게 아닌가 싶다.

• • • • •

진보파들 앞에서 반정치주의를 주제로 강의를 여러 번 했는데, 공감하는 사람이 많았다. 모두들 자신을 운동가라고 생각하면서 출마했고 정당 활동을 했다고 한다. 그래서 누군가 "정치하려고 하냐?"라고 물으면 화들짝 놀라서 아니라고 부정하기 일쑤였다고 한다. 그래서인지 다부진 내면과 밝은 미소가 인상적인 최은희 '정치바로 아카데미' 운영위원장은 내게 늘 "진보 안의 반정치주의에 대해 많이 이야기해 달라."는 주문을 하곤 했다.

강의를 들은 수강자 가운데 나와 나이가 같은 이중원 씨가 있었다. 그는 늘 변치 않는 생각으로 같은 자리(서울 광진구)에서 선거 때마다 출마를 했다. 그런데도 아이들이 내민 가정통신문의 '부모직업란'에 항상 '시민운동가'라고 적었다고 한다. 어느 날 밝은 얼굴로 그는 이렇게 말했다. "지난 번 강의 듣고 집에 가서 아이들에게 '이제부터 아빠 직업란에 정치인이라고 적을 거야.'라고 말했는데, 반응이 나쁘지 않았다. 동네 형에게도 같은 이야기를 했는데, 잘 생각했다고 하면서 이번에는 당선을 목표로 같이 노력하자며 격려해 줬다."

내가 덩달아 마음이 후련해지는 느낌이 들었다. 꼭 당선되고 꼭 좋은 정치인이 되길 진심으로 기원했다.

4
누가 투표하기 어렵게 하는가

한국 정치를 연구하러 온 한 외국인 교수를 만난 적이 있다. 당연한 일이겠지만, 선거에 대한 이야기를 많이 했다. 그러던 중 그는 한국의 경우 선거운동 기간이 너무 짧고 규제가 지나치게 많다며, 이런 일은 싱가포르에나 비견될 것 같다는 말을 했다. 어쩌다 보니 한국 민주주의가 경제적으로는 부유하나 그 대가로 권위주의 정치를 인내하고 있는 싱가포르라는 나라와 비교되는구나 생각하니 정신이 번쩍 들었다. 선거관리위원회 생각을 안 할 수가 없었다.

선관위가 다른 민주주의 국가들처럼 단순히 선거와 관련된 사무만 본다고 생각한다면 그건 오산이다. 민주화 이후 지금까지 국가기구 가운데 예산과 인원이 가장 많이 늘어난 대표적인 조직이 선관위다. 조직만 커진 게 아니라 권한도 막강해졌다. 그동안 정치와 관련된 제도가 이렇게 저렇게 바뀌는 데 선관위는 가장 핵심적인 구실을 했다.

정당과 정치인, 나아가서는 시민사회 단체들의 발언과 행동에 대해 '경고' 조처를 남발하며 규제해 왔다. 그런 선관위가 이제는 민주주의 교육까지 하겠다고 나서고 있다. 국가기구가 시민에게 민주주의를 가르친다는 발상을 아무래도 나는 이해할 수가 없는데, 국민교육이든 시민교육이든, '국가가 길러 내는 시민'이라는 관념은 민주주의의 이상과 거리가 멀다고 보기 때문이다.

아무튼, 이야기를 계속하자면, 선관위의 권능이 강력해짐에 따라 나타난 가장 큰 변화는 과도한 규제로 말미암아 사실상 선거운동을 할 수 없는 지경이 되었다는 점이다. 일반 대중이 정치와 만날 수 있는 기회와 공간도 크게 줄였는데, 선거 부정이 발생할 가능성이 있다는 게 그 이유라 한다. 정치 활동에 대한 과도한 규제와 함께, 대중 참여를 불온시한 것의 결과는 투표율의 급락으로 나타났다. 민주화 이후 20년 동안 30퍼센트 가까이 떨어졌는데, 민주주의 역사에서 짧은 기간에 이처럼 급격히 투표율이 떨어진 사례는 찾기 힘들다.

그냥 하락한 것도 문제인데 부자 동네에 비해 가난한 동네의 투표율이 더 급격히 낮아졌다. 손낙구가 쓴 『대한민국 정치사회 지도』라는 책을 보면 잘 나타나 있듯이, 서울에서 투표율이 가장 높은 10개 동네를 꼽으면 예외 없이 가장 부자인 동네가 순서대로 나열된다. 물론 투표율이 가장 낮은 10개 동네는 그 반대다. 2004년 총선과 2006년 지방선거에서 투표율이 높은 10개 부자 동네와, 투표율이 낮은 10개 가난한 동네의 투표율 차이는 얼마나 될까. 손낙구의 조사에 따르면, 무려 23퍼센트포인트나 된다. 한마디로 말해 부자 동네가 가난한 동네보다 23퍼센트포인트나 투표를 많이 했다는 것

이다. 투표율의 이런 계층 편향적인 결과만큼 한국 민주주의를 우울하게 만드는 것도 없다.

혹자는 그래도 강력한 선관위의 규제 덕분에 선거 부정과 부패가 많이 줄지 않았느냐고 반론할지도 모르겠다. 그 점에서도 나는 생각이 다른데, 무엇보다도 돈의 필요

손낙구의 『대한민국 정치사회 지도』

성이 결코 줄어들지 않았기 때문이다. 유권자 대중과의 접촉을 막을수록 여론조사와 새로운 광고 기법 등 기술집약적이고 자본 집약적인 수단에 대한 의존은 크게 높아졌다. 가난한 후보들과 그를 돕고자 하는 사람들이 몸으로 뛰어 선거운동을 할 기회만 뺏고 말았을 뿐, 큰돈 드는 선거는 더 깊이 구조화되고 있는 것이다.

선거 자금을 모으는 데 있어서, 불법의 한계를 최대로 확장해 놓은 정치자금법도 같은 결과를 가져왔다. 무엇보다도 돈 없는 후보들의 출마를 배제하는 효과를 낳았기 때문이다. 노동조합을 통한 정치자금 기부도 금지되었고, 사회 하층의 유권자들이 자신이 지지하는 정당과 후보를 돕기 위해 모금을 할 때도 두려움을 느낄 정도가 되었다. 그러다 보니 경제적인 여유가 있거나 남의 돈이라도 동원할 능력이 있는 사람들만 정치를 할 수 있는 '신종 금권정치'의 시대로 들어서게 되었다.

인간이 만든 어떤 사회제도도 어느 하나의 원리에 의해서만 계도될 수는 없을 것이다. 예컨대 시장경제가 자본주의적 원리에 의해서만 운용된다면 인간사회의 공동체적 기반은 심각한 위험에 처할 것이다. 민주정치 역시 마찬가지다. 권력의 문제를 다루는 것이므로 합리적인 규제나 제약이 없을 수는 없겠지만, 그러나 그것이 자치self-rule라고 하는 민주주의의 근본 가치를 위협할 정도가 되어서는 곤란하지 않을까 한다.

민주주의를 잘하게 하면서 선거 부정과 부패가 줄어들게 해야지 부정과 부패를 없애겠다며 민주주의를 없앨 수는 없는 일이다.

선관위가 지배하는 한국의 선거 관리 체제는 균형을 잃었고 그 폐해가 지나치게 계층 편향적이어서 개선되지 않으면 안 되는 것이 오늘의 우리 현실이다.

・・・・・

2010년 지방선거에서 선관위는 "나와 가족을 위해 투표로 말하세요."라는 홍보 문구를 내세웠는데, 네티즌들은 그 말이 "닥치고 투표로만 말하세요!"라는 뜻으로 들린다며 정치 참여를 과도하게 제한하는 선관위를 조롱했다. 정말 핵심을 찔렀다고 생각한다. 시민의 역할이 슈퍼마켓에서 물건을 고르듯, 후보들의 이름에 기표나 하는 것에 그친다면 그게 무슨 민주주의이겠는가?

5
집권하는 민주주의여야 한다

'정치 무시하지 말라.'를 말하는 필자의 생각에 반대하지는 않지만, 그래도 정치에 지나친 기대를 갖게 하는 건 아닌지를 염려하는 사람이 있을 수 있다. 나 역시 정치에 과도한 기대를 걸게 하고 싶지는 않다.

당연히 정치가 모든 것을 해결해 줄 수는 없다. 다만 정책의 우선순위와 방향을 약간만 바꾸더라도 부조리한 현실을 개선하는 데 큰 기여를 할 수 있다는 것은 분명하다. 정치가 인간 사회의 미래를 모두 책임질 수는 없다. 그러나 예산의 일부만이라도 잘 쓰인다면, 결핍된 조건을 가진 많은 아이들이 내일의 삶을 스스로 개척하도록 도와줄 수는 있다.

그것이 정부로부터의 온정적 시혜가 아니라 민주정치가 책임성을 발휘해야 할 과업이자 시민의 정당한 권리로 인정된다면, 더 나은 사회를 향한 공동체적 토대는 좀 더 튼튼해질 것이다. 좋은 제도와 법을 통해 사회경제적으로 약한 위치에 있는 사람들에게도 기회가 주어지고, 수많은 이해 당사자들이 참여하고 함께 실천함으로써 자치의 기반이 확대될 수도 있다.

흑인 대통령의 출현이 뿌리 깊은 인종적 차별을 하루아침에 없앨 수는 없겠지만, 그래도 미국 전체 유권자의 13퍼센트 안팎에 불과한 흑인들의 시민적 자존감을 이보다 더 획기적으로 높일 수는 없었을 것이다. 오바마 대통령 취임식에 몰려든 흑인 참석자들의 기쁨에 찬 얼굴과, 대표적인 흑인 지도자 제시 잭슨 목사의 얼굴에서 멈추지 않고 흐르던 눈물을, 나는 평생 잊지 못할 것이다.

우리 사회에서도 뿌리 깊은 호남 차별의 구조나 편견을 해결하는 데 있어 가장 중요한 계기는 호남 출신 대통령의 등장이었다. 김대중 대통령이 집권해서 더 잘했더라면 좋았을 텐데 하는 아쉬움이 있지만, 그래도 그가 당선된 것만으로도 한국 정치에 기여한 바 크다는 게 나의 생각이다. 최근 들어 많은 사람들이 선거에서 지역감정의 영향력이 많이 줄었다고들 하는데, 여러 요인이 있었겠지만 김대중·노무현 두 정부를 만들어 내는 데 있어서 호남 유권자가 중심적인 역할을 했다는 사실을 빼고는 생각할 수 없는 일이다.

비정규직을 포함해 노동문제가 심각하다고들 하고 많은 사람들이 그런 부당한 현실을 개선하고자 노력하고 있다. 여러 차원의 노력이 모두 소중하겠지만, 비정규직 노동자에 기반을 둔 정당 내지 후보가 당선되고, 대통령이 되는 것만큼 사태 개선에 더 좋은 효과를 갖는 것은 없다고 본다. 브라질 커피도 좋아하고 그 열정적인 문화도 대단하다고 생각하지만, 브라질에 부러운 것 하나를 더 꼽으라고 한다면 룰라라고 하는 가난한 노동자도 정당을 만들고, 정당의 리더가 되고, 대통령도 될 수 있다는 사실이다.

물론 그런 정당, 대통령이 등장한다고 해서 노동문제가 금방 좋아질 것이라고 말할 만큼 내가 순진한 것은 아니다. 그러나 노동자에 기반을 둔 정당이나 후보가 집권할 수 있는 나라와 그렇지 않은 나라 사이에는 근본적인 차이가 있다. 노동을 대표하는 정당이나 후보가 집권할 수 없다면, 절규에 가까운 문제 제기는 끊이지 않지만 그 해결은 늘 지배적 위치에 있는 세력들의 각성과 온정주의에서 구하게 되는 종속적 심리가 계속해서 만들어질 수밖에 없기 때문이다.

민주주의를 정의하는 방법은 여러 가지가 있지만, 그 가운데 하나는 시민 스스로 만든 법과 제도에 시민 스스로 복종하는 체제라는 것

룰라 다 실바 대통령(2003~2010년 재임)

이다. 아무리 좋은 법이나 제도가 만들어진다 해도 시민이 입법자가 아니라면 그 사회는 민주주의가 아니다. 그러려면 시민은 개인으로서가 아니라 집단으로 투표할 수 있어야 한다. 노동자도 호남도 비정규직도 여성도 농민도 자영업자도, 권력의 향방에 영향을 미칠 수 있는 집단적 힘을 갖고 있지 못하다면 그들은 시민권이 없는 것이나 다름없다. 어떤 정당이 어떤 사회집단을 대표하는지가 분명해야 하고 어느 정당이 집권하느냐에 따라 누가 이득을 보고 누가 손해를 보는지도 어느 정도 예측 가능해야 한다.

여러 가지 복잡하게 말했지만, 말하려는 핵심은 간단하다. 정치가 중요하다는 것은 정치가 모든 것이어서가 아니라 인간의 상황 내지 인간이 만든 사회문제를 개선하는 데 있어서 매우 유력한 수단이자 방법이기 때문이다. 자신들이 지지하는 정당이 집권할 수 있을 때, 사회적 약자 집단도 무시당하지 않고 다른 사람의 온정에 의존하지 않는 주체적 시민 권력을 행사할 수 있으며 공동체에 대한 책임감도 커진다. 정말 이 점을 강조하고 싶다.

정치가 그런 식으로 선용될 수 있어야 제대로 된 민주주의라고 할 수 있다. 그렇기에 그 사회의 지배적 위치에 있는 사람들은 사회적 약자들이 정치에 다가오지 못하게 하는 데 모든 노력을 경주한다. 입만 열면 정치, 정당, 정치인을 욕하면서 실제로는 정치를 가장 잘 이용하는 사람들은 누구인가? 투표를 통해 종부세도 없애고 세금도 감면받을 수 있다는 사실을 잘 알고 행동해 온 집단은 누구였는가?

조금만 생각해 보면 우리 사회의 약자 집단들은 다른 무엇보다도 정치의 방법으로 자신들의 삶의 조건을 개선할 기회를 평등하게 누리지 못하고 있다는 사실이 금방 드러난다. 빈곤과 불평등으로 고통 받고 있는 가난한 사람들과 사회적 약자들도 정치에서 가능성을 발견할 수 있게 하는 일은 민주주의의 이상과 가치에 다가가기 위한 '대투쟁'이 아닐 수 없다.

그것도 정치를 혐오하게 만드는 우리 사회의 지배적 이데올로기와 맞서야 하기에, 심리적으로나 도덕적으로 가장 힘든 싸움이 될 수밖에 없다고 생각한다.

6
정치는 가능(성)의 세계다

정치는 놀라운 대중의 축제다. 나는 정말로 그렇게 생각한다. 2010년 프로야구 경기에 5백만의 관중이 모였다고 해서 언론의 큰 주목을 받은 바 있다. 정치는 그보다 수백, 수천 배 더 큰 대중 참여의 모멘트들로 이루어진다. 한 번 선거를 할 때마다 4천만 명의 유권자가 움직인다. 혹은 4천만의 유권자를 움직이는 사람·정당·세력이 승리한다고도 말할 수 있다.

나는 1987년 6월 내내 서울 거리에서 민주화를 요구하는 대중 시위를 경험한 적이 있다. 대학생과 직장인이 자연스럽게 어우러진 모습은 장관이 아닐 수 없었고, 그때의 감격을 기억하는 것만으로도 벅찬 기분이 들 정도이다. 그해 12월에는 대통령 선거 유세장을 많이 찾아다녔다. 서울에서 열린 유세장은 거의 다 가본 것 같다. 지방 유세장도 꽤 가봤다.

웬만한 대도시 유세장의 대중 참여는 1백만 명이 넘었다. 연인원 5백만 명이 참여했다고 하는 6월 민주화 운동의 시위 규모도 대단했지만, 선거 유세장에서 발견할 수 있는 대중 참여의 규모는 정말 놀라웠다. 노태우·김영삼·김대중·김종필 등 주요 후보만 고려해도 하루에 5백만 이상의 대중이 유세장을 찾았다고 말할 수 있다.

더 흥미로운 것은 그해 6월의 민주화 운동이 주로 대학생이나 화이트칼라 등 교육받은 도시 중산층들이 주도했다면, 12월의 유세장은 그야말로 평범하기 그지없는 촌로와 범부들로 북적이는 보통 사람들의 집회장 같았다는 사실이다. 연일 주류 언론들은 후보들이 유권자를 관광버스로 동원했다며 비난해 댔지만 내가 보기에 그때의 유세장만큼 민중적인 정치의 장은 없었던 게 아닌가 싶다.

1987년
13대 대통령 선거 당시
여의도 유세 장면

아무튼 1987년 6월의 직선제 개헌 투쟁, 7월에서 9월로 이어진 대규모 노동자들의 권리 요구 투쟁, 12월의 대통령 선거 경쟁을 거치면서 한국 사회는 크게 달라졌다. 과거와는 비교할 수 없을 만큼, 정치적 이견과 자기 의사를 자유롭게 말할 수 있게 되었다.

분명 1980년대 민주화를 가져다준 힘은 운동에서 왔다. 학생운동이 앞장섰고 노동운동 등 각종 부문 운동이 활성화되면서 분출된 힘은 대단했다. 그 덕분에 권위주의로의 퇴행도 막을 수 있었고, 새로운 민주사회에 대한 희망과 기대를 가질 수 있었다. 하지만 그때로부터 25년이 지나고 있는 오늘날, 우리 사회를 좀 더 평등하고 건강하게 만들 수 있는 힘을 다시 운동에서 찾기는 어려워 보인다.

1980년대처럼 학생운동이 부활하기를 기대할 수도 없고, 다른 사회운동에 그 과업을 맡기기도 어려운 일이다. 현실적으로도 기대하기 어렵지만 그런 책임을 다시 그들에게 부과하는 게 옳은 일인가도 생각해 볼 수 있다. 우리가 살고 있는 체제가 민주주의라면, 이제 그 과업은 자기희생적 운동을 통해서가 아닌, 정치가 좋아지는 것을 통해 실천되어야 할 것이다.

민주주의란, 사회경제적으로는 불평등하다 해도 정치적으로는 모두가 평등한 '시민권의 기초 위에 서있는 체제'를 말하는데, 그렇다면 개혁 의지를 결집하고 문제 해결의 방향을 개척해 가는 과업에 책임감을 가져야 할 곳은 정치가 아닐 수 없기 때문이다. 좀 더 넓은 관점에서 문제를 다시 생각해 보자.

인간이 만든 어떤 것도 퇴행하기 마련이다. 사회적으로 유익한 법과 제도는 대개 더 나은 사회를 위한 다수 인간들의 열정에서 비롯된다. 하지만 그 열정을 계속 발휘하기를 기대하는 것은 비현실적이고 또 가혹한 일이다. 그래서 아무리 좋은 민주주의도, 또 아무리 좋은 법과 제도도 일정 시간이 지나면 애초의 기대만큼 작동하지 못하게 된다.

정치철학의 대가들은 인간이 만든 그 어떤 체제나 제도든 대개 한 세대를 주기로 발전과 퇴행을 반복한다고 생각했다. 좋은 열정이 표출되고 그 덕분에 사회가 좋은 체제와 제도를 갖게 되고 그 효과가 향유된 뒤에는 다시 퇴행하는 일정한 생애 주기를 갖는다는 것이다. 퇴행의 부정적 효과 때문에 새로운 문제가 만들어지고 뒤이어 문제 해결을 위한 새로운 열정이 불러들여질 때 다시 그 사회는 좋아질 수 있다는 의미라고 이해해도 좋겠다.

지금 우리의 민주주의도 한 세대를 거치면서 많이 퇴행했다. 민주주의라는 말이 무색할 만큼 경제적으로 더 불평등해졌고, 출산율이나 자살률 등에서 볼 수 있듯 사회 해체의 양상도 심화되었으며, 근대화와 더불어 사라지는 것으로 이야기되었던 빈곤 문제가 다시 심화되고 있다.

다시금 좋은 열정이 불러들여져 좀 더 평등하고 좀 더 건강한 사회가 되어야겠는데, 그 열정이 운동에 의해서가 아니라면 이제는 민주정치에 의해서 집약적으로 조직되고 실천되어야 할 때가 아닐까 한다. 우리 사회의 진보적 지식인들조차 정당에 가입하는 일을 꺼리는데 이제는 달라졌으면 좋겠다. 정당과 정치를 초월한 진보성을 추구하거나, 진보가 갖는 도덕적 우월 의식을 과시하는 일도 좀 줄어들었으면 좋겠다. 민주주의를 신봉한다면 자신의 파당적 입장을 말하고 또 그에 맞게 정치적으로도 책임감을 가져야 한다고 본다.

선거도 중요하다. 민주주의 체제에서 선거는 놀라운 대중 참여의 모멘트가 될 수 있다. 사회운동을 강조하는 사람들은 선거와 투표를 우습게 여기는 경향이 있는데, 그보다는 어떻게 하면 선거가 다수 시민의 열정을 집약할 수 있는 계기가 될 수 있을지, 어떻게 하면 좋은 후보와 좋은 정당을 만들 수 있는지, 어떻게 하면 선거에 참여하고 당원이 되고 정당이 주도하는 다양한 직능 모임에 참여해 압력도 행사하고, 지지자가 되고 후원금도 내고, 선거운동이 되어 몸으로 뛰기도 하는, 그런 열정을 갖게 할 수 있을까를 더 많이 고민했으면 좋겠다.

1920년 투표권을 요구하는 미국 여성들의 시위 장면

민주주의가 잘 작동한다는 것은, 유권자가 가진 한 표가 중요하게 고려될 때 가능하다. 진정한 의미에서 투표로 말할 수 있어야 한다. 사회적 강자 집단의 표도, 다

수 집단을 이루는 평범한 보통 사람의 표도 모두 1인 1표라는 평등한 가치를 가져야 한다. 이처럼 평등한 시민권이 실천되려면, 정말로 정치가 좋아야 한다. 적극적으로 지지하고 싶은 정당이 있어야 하고, 정치에 참여하고 싶게 만드는 강력한 유인이 만들어져야 한다.

어떻게 하면 그런 정치를 만들 수 있을까? 어떻게 해야 정치를 좋게 만드는 데 우리의 열정을 집약해 낼 수 있을까? 내가 볼 때 한국 사회의 미래는 바로 이 문제에 달려 있는 게 아닌가 싶다.

7
내가 생각하는 좋은 민주정치

그렇다면 좋은 정치란 뭘까? 이 질문은 너무나 포괄적이어서 강의를 진행하면서 다양하게 말하게 될 텐데, 그래도 여기에서 한 가지는 말하고 싶다. 우선 질문을 이렇게 바꿔 보자. 우리가 발휘해야 할 정치적 열정은 어떤 사회를 향한 것이어야 할까?

군사적 평화나 안전이 확고한 나라 혹은 타국의 영향력으로부터 덜 취약하고, 거꾸로 우리나라의 영향력에 대해 다른 나라들이 반응하는 정도가 높아서 국제사회에서 발언권이 높은 나라가 되었으면 좋겠다고 생각할 수 있다. 그렇다면 흔히 말하는 강대국이 되길 바라야 할 것이다.

잘 알다시피 우리 사회의 보수파들은 이런 정치적 지향을 가장 중요하게 생각한다. 물론 세계가 국가 간 체계로 이루어져 있는 한 국제적 발언권이 갖는 가치를 누구도 부정할 수는 없을 것이다. 따라서 진보파도 외교나 안보, 군사 분야를 다룰 수 있는 실력을 쌓아야 하고, 그 일을 감당할 인재 내지 정책 역량을 키워야 할 것이다.

다양한 일자리와 병원·박물관·공연장이 많고, 의학 기술이나 범죄 수사 능력 등이 뛰어난 나라를 원할 수도 있다. 세계적인 기업이 많아지고, 먹고사는 문제와 관련해 물질적인 필요가 잘 충족되는 나라를 원할 수도 있다. 그렇다면 경제 발전의 수준이 높은 사회를 지향해야 할 것이다. 이 역시 보수파들이 중시하는 가치들이지만, 어떤 면에서는 진보, 보수를 떠나 누구든 경제를 잘 관리하는 데 있어서 유능함을 발휘하지 않으면 안 될 것이다.

체제에 대한 불만이 적고, 심리적 불안이나 스트레스 때문에 고통 받는 바도 적으며, 삶에 대한 태도가 좀 더 긍정적인 나라를 원한다면, 글쎄 이건 좀 복잡하다. 방글라데시나 인도 등 경제적으로 덜 풍요로운 나라도 이 차원에서는 이른바 선진 민주주의 국가로 불리는 나라들보다 우월한 지표를 갖고 있기 때문이다. 그래서 그런지 잘살고 못사는 문제와, 그 사회 구성원들이 갖고 있는 안정된 의식 세계 사이에는 어떤 일관된 인과성이 있는 것 같지는 않다.

아마도 이 문제에 관련해서는, 좋은 정치가 좋은 사회를 만들고 좋은 사회가 좋은 문화적 토양을 발전시켜 가는 과정에서 삶에 대한 우리의 태도가 좋아지기를 기대할 수밖에 없을 것 같다. 경제가 번영하고 국력도 커지고 복지가 확대된다고 해서 반드시 좋은 문화, 안정된 심리적 삶에 도달할 수 있다고 장담할 수는 없기 때문이다. 사실 이런 문제에 이르면, 참으로 인간 사회란 의도하고 기획한 대로 다 되는 게 아니라는 생각을 하게 되고, 인위적인 변화를 추구하는 정책 기획이나 제도 디자인에도 적절한 절제가 필요하구나 하는 교훈을 얻게 된다.

아무튼, 나라가 부강해지고 경제적으로 풍요로워지고 사회적으로 안정되는 것 모두가 중요한 목표이고 지향이겠지만, 우리의 관심을 민주주의의 문제에 집중해 좀 더 생각해 보자. 한마디로, 민주주의의 가치나 규범, 그 연장선에서 갖게 되는 좋은 사회에 대한 기대, 그 기대를 실현하기 위한 정치적 열정에 대한 것으로 말이다.

어느 나라나 민주주의라고 할 때, 상당 정도 공유되는 바람직한 가치나 규범을 갖는다. 어느 민주주의 국가든 헌법에는 그런 가치 합의가 적시되어 있고, 대체로 그 내용은 생명, 자유, 평등, 행복 추구로 수렴되어 있다. 그런 점에서 좀 더 건강하고 좀 더 평등하고 좀 더 자유롭고 좀 더 평화로운 사회였으면 좋겠다는 생각은, 민주주의 국가 사이에 보편적으로 존재하는 기본 규범 내지 가치라 할 수 있다.

이 문제를 구체적으로 생각해 보기 위해, 이렇게 질문해 보자. 현재 민주주의 국가로 분류되는 나라는 110개 정도 된다. 이들 가운데 빈곤 인구의 비율이 낮고 계층 간 불평등 정도도 낮으며 비정규직의 규모도 작은 나라는 어디일까? 투표율은 높고 인권 및 자유화 지표도 좋으며 소수자 및 이주민에 대한 권리 부여 정도도 높고 여성 장관 비율도 높은 나라는 어디일까?

기대 수명도 높고, 불법 약물 복용, 10대 임신, 10대 자살, 저체중아 출산율, 정신 질환 발병률, 영양실조, 비만율이 낮은 나라는 어디일까? 후천적으로 계층 상승이 가능한 사회적 유동성이 높은 나라, 즉 기회의 평등 수준이 높은 나라는 어디일까? 강력 범죄율과 재소자 비율이 낮은 안전한 나라는 어디일까? 요컨대 어떤 유형의 민주주의가 되어야 좀 더 자유롭고 평등하고 건강하고 평화로운 사회가 될 수 있을까?

이와 관련해, 국가 간 민주주의의 성취를 통계적으로 조사 연구한 성과들이 몇 개 있다. 그에 따르면, 가장 설득력 있는 결론은 다음 두 가지다. 하나는 진보 정당의 경쟁력(집권 기간, 득표 경쟁력 등)이 큰 나라일수록, 다른 하나는 (보통 노조 조직률, 노사 협약 적용률, 노조의 중앙 집중화 정도로 평가하는) 노동조합의 힘이 강할수록 좋은 지표를 갖고 있다는 것이다. 어느 나라나 대개는 보수 정당과 기업의 영향력이 크게 마련이다. 그렇지만 그 속에서도 노동을 배제하는 정도가 덜할수록, 그리고 진보적인 정당들도 상당한 득표를 하고 집권의 전망도 있는 나라들이 좀 더 자유롭고 평등하고 건강하고 평화롭게 살 가능성이 높다는 것이다.

물론 이런 연구 결과를 둘러싸고 논란이 없는 것은 아니다. 분석 방법의 문제를 지적하는 사람도 있고, 몇몇 나라의 예외 사례를 들어 반론하는 사람도 있다. 필자는 그들과 생각을 달리한다. 사회 현상을 설명함에 있어 어느 누구도 인과적 필연성을 보장할 정도로 확고한 결론을 갖기는 힘들다. 인과적 개연성이 높고 그래서 그 가능성을 믿고 우리의 실천을 집중할 만한 일정한 근거가 있다면 충분하다고 본다. 그런 기준에서 보면, 진보 정당도 경쟁에 참여하고 노동의 시민권이 튼튼한 민주주의가 사회적으로 유익한 효과를 낳는다는 것은 충분히 강한 이론이 아닐 수 없다.

이념적·계층적 대표의 범위가 충분히 넓은 사회일수록 그 사회를 구성하는 다양한 집단들의 관심과 이익이 평등하게 고려될 수 있다. 진보 정당의 경쟁력이 낮아 집권의 가능성이 없는 민주주의를 보수 독점 체제라 할 수 있는데, 이럴 경우 그 사회의 하층이나 약자 집단의 이해는 대표되기 어렵다. 다양한 생각에 개방적이지 않은 정치체제에서 자유롭고 풍요로운 정신적 삶은 상상할 수 없다.

현대 민주주의는 자본주의라는 경제적 조건 위에서 실천되고 있다. 이때 그 사회의 민주적 성취는 노동이라고 하는 가장 중요한 생산자 집단의 이익과 열정이 기업 운영과 노사 관계, 나아가 정당 체제의 차원에서 어느 정도 평등한 권리를 향유하느냐에 달려 있게 된다. 노동의 역할이 사회적으로 어떻게 받아들여지느냐에 따라 그 나라 민주주의의 내용과 질은 크게 달라진다는 것이다.

우리의 경우, 임금 소득에 근거해 삶을 영위하는 사람들은 전체 경제활동인구의 70퍼센트에 이른다. 자영업자가 비정상적으로 많아서 이 정도이지, 이른바 서구 선진국의 경우 그 비율은 90퍼센트를 웃돈다. 따라서 노동을 축소해야 할 생산 비용으로 간주하거나,

하나의 독립된 집단으로서 정치 참여의 권리를 갖는 것을 불온시할 때, 그것은 단순히 노동만 배제하는 것에서 그치는 것이 아니라 사실상 사회 다수를 이루는 하층과 약자 집단 전체를 배제하는 것과 같은 부정적 효과를 낳게 된다.

좋은 사회, 좋은 정치란 보수정당만이 아니라 진보 정당도 집권할 수 있는 민주주의, 노동의 시민권이 기업 운영-노사 관계-정당 체제의 차원에서 폭넓게 받아들여지는 민주주의에 있다고 말한다고 해서, 그것이 필자가 가진 어떤 진보적 이념 때문이라고 오해되지 않았으면 좋겠다. 좋은 진보 없이 좋은 보수가 가능할까? 어려울 것이다. 사회의 다양한 의견들이 정치적으로 조직되고 경쟁하는 것이 갖는 좋은 효과를 생각하지 않는다면, 현실의 민주주의를 좋게 만들 방법이 없다.

보수와 진보가 좋은 경쟁의 체제를 발전시키는 것이야말로, 민주정치의 발전에 있어 핵심 중의 핵심이라는 것, 그걸 말하고 싶다. 어느 사회든 보수의 집권 기간이 길게 마련이고 사용자 측이 가진 영향력이 더 큰 것은 움직일 수 없는 사실이다. 그렇기에 자본주의가 민주주의의 가치나 이상과 공존할 수 있는 유일한 길은 노동의 시민권이 노동조합과 진보 정당의 형태로 조직되는 것에 있으며, 그럴수록 공동체의 발전에 대한 그들의 기여와 책임성도 커진다. 그런 사회가 더 건강하고 투표율도 높고 평등하고 자유롭다는 것, 이보다 더 확고한 사실은 없다. 나는 정말 그런 민주정치를 원한다.

혹자는 자본주의적 기초 위에서 무슨 민주주의를 말하느냐며,

필자의 이런 생각을 거부할지 모르겠다. 자본주의적 노사 관계, 자본주의적 정당 정치 자체를 거부해야 진정한 민주주의 아니냐고 항변하는 사람도 있겠다. 하지만 아직 우리 인간의 역사 속에서 사회민주주의social democracy는 있어도 사회주의적 민주주의socialist democracy는 실존하지 못했다. 그러니 혁명과 사회주의를 대안으로 말하고 싶다면, 어떻게 사회주의 체제에서 민주주의가 가능할 수 있는지에 대해 설득력 있는 설명이 있어야 할 것이다. 왜 사회주의 내지 공산주의라는 이름으로 실천된 혁명 정권들이 권력 세습과 권위주의 내지 전체주의의 길을 벗어나지 못했는지에 대해서도 되돌아볼 수 있어야 할 것이다.

나는 우리가 발 딛고 있는 인간의 현실에서 민주주의를 생각하고 말할 수 있어야 한다고 본다. 자본주의냐 아니냐, 혁명이냐 개량이냐로 문제를 단순화하기보다는 나날이 실천할 수 있는 방법으로 접근했으면 좋겠다. 그럴 때 누군가 내게 민주화 이후 한국 사회가 양극화와 비정규직 문제, 불평등과 빈곤 문제, 다양한 사회 해체 양상으로 고통 받게 된 이유를 묻는다면, 나는 자본주의 때문이라는 공허한 대답 대신 주저 없이 이렇게 말하겠다. 그건 민주화 이후 우리 사회가 진보 정당 있는 민주주의, 노동 있는 민주주의의 길을 더 깊고 더 넓게 개척하지 못했기 때문이라고 말이다.

많은 사람들이 신자유주의 때문이라며 문제의 원인을 외부적인 힘에서 찾고 있는데, 그보다는 그런 신자유주의를 수용할 수밖에 없었던 원인은 어디에 있고, 누가 그런 사회 해체적 힘을 제어할 수 있는지에 대해서 더 많이 생각해야 한다고 본다. 남 탓하고 시대 탓하는 것으로 시간을 보내기보다, 주체적으로 실천하고 현실을 조금씩이나마 변화시켜 갈 수 있다는 생각으로 모든 일에 접근했으면 한다. 그럴 때만이 '적극성'을 그 중심 내용으로 하는 정치의 기본 동력이 살아날 수 있을 것이다.

8
문제는 진보 안에 있다

어떻게 하면 민주주의를 그 가치에 맞게 발전시킬 수 있을까? 어떻게 하면 진보 대 보수의 좋은 경쟁 관계를 만들어 갈 수 있을까? 도대체 어떻게 해야 진보적인 정당도 성장하고 발전할 수 있을까? 자연스럽게 이 질문 앞에 서게 되는데, 아무리 생각해도 그 대답은 진보 안에서 찾아야 하지 않을까 싶다.

우리 사회의 진보가 지금처럼 취약해지고 지금처럼 비관적 분위기가 지배하게 된 원인은 어디에 있을까? 보수가 탄압해서? 아니면 진보가 필요 없을 정도로 한국 사회가 좋아져서? 아닐 것이다.

한 걸음 전진할 때마다 수많은 탄압과 불이익을 견뎌 내야 했던 유럽 진보 정치의 초기 역사를 생각한다면, 한국의 진보 정당들은 충분히 자유로운 조건에서 정치를 하고 있다고 볼 수 있다. 너무나 불평등해지고 있는 오늘날의 객관적인 상황도 진보의 역할을 더 많이 요청하고 있다. 그럼에도 진보 정치가 잘 안 되고 있다면, 도대체 어디에서 그 해답을 찾을 것인가. 남 탓하고 알리바이 찾을 일이 아니라는 말이다.

계속 이야기하겠지만 진보가 안고 있는 문제 가운데 가장 근본적인 것은, 무엇보다도 정치를 이해하는 방법이 잘못된 데 있지 않을까 한다. 그래서 이제부터는 정치란 무엇이고, 어떻게 해야 할지에 관한 나의 생각을 말해 볼 텐데, 도덕성·진정성·운동성 등 일종의 도덕주의적 정치관이 강한 우리 사회의 진보에게는 결코 편하지 않은 이야기가 될 것이다. 괴롭겠지만 수강하는 여러분과 나 사이에 상호 침투의 기회가 되길 희망하면서 오늘 첫 강의를 마친다. 다음 시간에는 더 깊은 고민으로 만나자.

정치는
누가 어떻게 하는가

자신이 제공하려는 것에 비해 세상이 너무나 어리석고 비열해 보일지라도 이에 좌절하지 않을 자신이 있는 사람, 그리고 그 어떤 상황에 대해서도 '그럼에도 불구하고!'라고 말할 확신을 가진 사람, 이런 사람만이 정치에 대한 '소명'을 가지고 있다.

—막스 베버, 『소명으로서의 정치』에서

1
문제를 넓게 보자

오늘 강의의 주제는 정치가에 대한 것이다. 특히 정치가가 되고자 할 때 감당해야 할 윤리적 책임의 문제에 대해 살펴볼 생각인데, 상식의 세계에서 흔히들 말하는 청렴결백함이나 도덕성에 대한 이야기와는 아주 많이 다른 내용이 될지도 모르겠다.

인치人治를 권위주의적인 것으로만 이해하는 사람이라면, 정치가의 중요성을 말하는 이 강의가 생소하고 불편하게 여겨질 수도 있겠다. 합리적 제도·절차에 의한 지배를 숭상하는 사람들 역시 정치를 인물의 문제로 접근하는 것을 못마땅하게 여길지 모르겠다. 계급이나 집단을 중시하면서 정치가를 권력자와 동일시하는 사람들은 더 그럴 것이다. "정치? 뭐 별것 있나? 들어가서 초심 잃지 않고 진보적으로 잘하면 되지."라며, 정치라는 독자적 세계에 대한 이해가 무엇 때문에 필요한지를 따져 묻는 사람도 있지 않을까 싶다.

강의하는 내 입장에서도 여러분의 생각이 무척 궁금하고, 그 때문에 약간 긴장되기도 한다. 당신은 정치가를 어떤 존재라고 생각하는가? 정치가는 필요하고 또 중요한 존재라고 보는가? 민주주의와 정치가는 도대체 어떤 관계에 있는 것일까? 혹 민주주의는 시민이 주인인 체제이므로 정치가는 시민의 의사에 따라 봉사만 하면 되는 것 아니냐고 반문하지는 않을까? 그렇지 않고 민주주의에서도 정치가가 중요하다고 한다면, 당신은 어떤 사람이 정치가가 되어야 한다고 보는가? 좋은 정치가라고 여길 만한 사람의 특징이나 자질 같은 것이 있을까? 정치가의 길을 간다고 할 때 그가 부딪히게 되는 도전은 무엇이고, 그런 도전을 헤쳐 나가고자 할 때 직면하게 되는 윤리적 딜레마는 무엇인가?

먼저, 독일이 낳은 최고의 사회학자인 막스 베버가 말년(1919년 1월)에 했던 강연을 바탕으로 저술한 『소명으로서의 정치』의 내용을 통해 인간과 정치의 문제를 생각해 보자.

혹자는 왜 베버라는, 진보적 계보와는 직접 관련이 없는 사람을 불러들여 이야기를 시작하는지 의아해 할 수도 있겠다. 강의 전체를 통해 강조하겠지만, 나는 진보적인 것보다 정치적인 것이, 또 정치적인 것보다 인간적인 것이 더 넓고 풍부한 세계이며, 진보파가 사회적으로 큰 성취를 이루려면 인간과 정치에 대한 깊은 이해가 필요하다고 생각한다.

진보적이되 좀 더 정치적이고 좀 더 인간적이 되어야 한다고 본다. 같은 진보파라고 해서 인간적이고 정치적인 측면에서의 잘못을 덮어 두어서도 안 되며, 반대로 보수파라 하더라도 인간적으로나 정치적으로 배울 점

이 있으면 존중해야 한다. 그렇게 생각하지 못하면, 민주주의에서 이룰 수 있는 것은 많지 않을 것이다. 진보적이어야 한다는 강박 때문에 정치적이고 인간적인 차원의 매력을 갖는 일을 소홀히 한다면 그것은 진보의 독선은 될지언정 사회적으로 인정받고 인간적으로 신뢰받는 데는 결코 도움이 되지 않는다는 점을 강조하고 싶다.

내가 볼 때, 그간 우리 사회의 진보파는 운동론으로 이야기되는 '저항의 정치학'에는 익숙한 반면 '통치의 정치학'을 익히는 문제는 의식적으로 회피해 왔다. 체제와 정부, 정당을 비판하는 일을 넘어 스스로 체제와 조직의 운영자가 되고 통치자가 되어 성과를 낼 수 있을 정도의 실력을 쌓는 일과 그 가치를 중시하지 않았다고 할 수 있는데, 그 결과는 참담했다. 2004년 많은 사람들의 주목을 받으며 '민주노동당'이 원내에 진입했음에도 불구하고, 그 기회를 잘 살리지 못했다.

그러면서 진보파 내부에서 인간적 가치와 믿음의 상당 부분이 위협받거나 해체되는 경험을 할 수밖에 없었다. 내가 만난 진보파들의 상당수는 쉽게 치유되기 어려운 상처를 안고 있었다. 내가 보기에 그런 상처는 대부분 정치를 잘못 다뤄서 생긴 일이다. 그들을 위해서라도 많은 것이 달라져야 한다고 생각한다.

현재 우리 사회의 진보는 이런 흔쾌하지 않은 상황을 개선해야 하는 과제를 안고 있는데, 이를 위해 막스 베버와 같이 진보적 인식 세계 밖에 있는 사람, 혹은 진보-보수를 떠나서 인간과 정치에 대해 깊이 생각할 수 있게 해주는 큰 학자의 관점에서 문제를 검토해

보는 것이 매우 유익한 효과를 가질 수 있을 것이다. 일단 나의 생각을 주제별로 요약해서 말하고, 그런 다음 같은 생각이 베버의 책에서 어떻게 진술되고 있는지를 살펴보는 방식으로 이야기하겠다.

2
인간의 정치

인간과 정치의 관계부터 말해 보자. 우리가 인정할 수밖에 없는 확고한 사실은 이렇다. 정치 없이 인간 사회의 평화와 안전, 복리를 이룰 수 없고, 정치 없이 자유와 평등의 가치를 진작시키기 어렵다. 정치의 역할은 인간이 사회를 필요로 하는 그 순간 불러들여졌다. 그런데 정치는 한편으로 공동체에 대한 이상을 말하는 동시에 다른 한편 그것을 위해 구성원들에게 복종과 의무를 부과해야 하기에, 필연적으로 강제력에 기초를 두게 된다. 어떤 문명화된 사회의 정치도 이 딜레마를 피할 수 없었다.

요컨대, 정치는 이상적인 공동체를 지향하면서도 그것을 이루기 위한 수단으로서 강제력이라는 요소를 필요로 한다는 점에서 어려움이 있다. 정치가 갖는 이런 '반인반수의 양면성' 내지 '회피할 수 없는 윤리적 딜레마'는 천사의 요소와 악마의 요소를 모두 가진, 인간이라는 피조물의 운명적 한계에서 비롯된다. '선한 목적'을 위해 헌신하고자 하면서도 그 수단으로서 강제력이라는 '악마적 수단'을 회피할 수 없는 정치의 현실을 이해하지 않고 정치의 길을 나서

기는 어렵다.

막스 베버의 이야기를 들어 보자. 그는 "정치에 관련된 모든 윤리적 문제의 독특성"은, 인간이 만든 조직에 내재해 있는 "정당한 폭력/강권력이라는 특수한 수단 그 자체"에 의해 규정된다고 말한다. 그는 현대 정치가 대면하는 가장 대규모의 정치 조직체인 국가에 주목하는데, 그에 따르면, 국가란 "특정의 영토 내에서 정당한 물리적 폭력/강권력의 독점을 (성공적으로) 관철시킨 유일한 인간 공동체"이자 "폭력/강권력을 사용할 권리의 유일한 원천"으로 정의된다.

인간은 천사가 아닐뿐더러 천사에게 국가를 맡길 수 있는 것도 아님은 자명하다. '인간의 평균적 한계' 위에서 정치의 문제를 생각할 수밖에 없고, 또 정치가 근본적으로 폭력을 수단의 하나로 다루는 분야인 한, 정치와 관련해 "세상의 그 어떤 윤리도 피해 갈 수 없는 사실은, '선한' 목적을 달성하기 위해 많은 경우 우리는 도덕적으로 의심스럽거나 위험한 수단을 택하지 않을 수 없으며, 부작용이 수반될 가능성 또는 개연성을 감수할 수밖에 없다는 것"이다.

따라서 "대의에 대한 열정적 헌신과 자긍심을 내적 즐거움으로 삼아 정치를 하겠다는 사람," 특히 정치를 직업적 소명으로 삼겠다는 사람이라면 누구든 "이런 윤리적 역설들을 자각하고 있어야 한다."고 베버는 말한다. 그러면서 이렇게 이야기를 이어 간다.

"이 역설들의 중압에 압도되어 스스로를 지키지 못한다면 그것은 자신의 책임이라는 사실을 자각하고 있어야 한다. 다시 한 번 말하지만, 정치가는 모든 폭력/강권력에 잠복해 있는 악마 적 힘들과 관계를 맺게 된다."

・・・・・

이 대목에서 나는 수강자들의 얼굴에 나타난 불편한 기색을 보았 다. 왜 아니겠는가. 오직 선한 의도와 대의로 충만한 그들에게 정치 란 악마적 힘들과 관계 맺는 일이라고 말하고 있으니 말이다. 누군 가는 나를 권력정치론자라고 생각했을지도 모른다. 하지만 수강자 들의 긴장과 약간의 적대적 표정이 내겐 나쁜 징조로 보이지 않았 다. 그건 일종의 적극성의 발현으로 보였기 때문이다.

3
정치 행위의 윤리성

다음 주제로 넘어가 보자. 그렇다면 정치가는 어떻게 행동해야 하 는가? 정치가는 꼭 필요한가? 법이나 제도처럼 비인격적인 원리로 정치가의 역할을 대신할 수는 없는가?

우선 정치가 인간의 모든 문제를 해결해 줄 수 있는 것은 아니 라는 사실을 인식하는 것이 중요하다. 인간의 영혼을 구제하려 하 거나 혁명을 통해 이상 사회를 실현하려는 목표는 정치의 방법으로 성취될 수 없다. 그런 목표들이란 대개 정치가 필요 없는 세상을 꿈꾸는 것인데, 바로 그렇기 때문에 자칫 '정치에 대한 허무주의적 태도와 역사에 대한 종말론적 경향'을 불러들이기 쉽다. 그 결과는 나날이 진보하고자 하는 인간의 꾸준한 노력을 경시하게 만든다.

정치란 위험한 수단을 다루는 위험한 세계라는 사실을 인식하는 것도 중요하다. 베버가 강조했듯이, 국가란 거대한 행정 관료 체제를 지휘하고 어마어마한 물적 자원을 통제하며 나아가 폭력, 그것도 타인에게 복종을 강제할 수 있는 합법적 폭력을 독점한 조직이다. 따라서 이런 국가를 둘러싼 권력 투쟁을 그 핵심으로 하는 정치의 세계에서 의도의 선함에만 의존하는 '신념 윤리'로는 충분하지 않다. 정치 행위에서 잘못된 선택이 가져올 결과는 재난에 가까울 수 있기 때문에 결과에 대한 신중한 판단을 중시하는 '책임 윤리'가 매우 중요하다.

정치가의 보람은 대의를 추구하고자 하는 열정에 있지만, 그러나 정치의 세계에서는 열정만으로 충분하지가 않다. 열정으로 일관하는 것은 자칫 아무것도 이루지 못하고 흥분만 하는 데 그칠 수 있다. 또한 조직화의 일정 단계를 넘어서면 권력 배분의 딜레마를 피할 수 없게 되어 (베버의 핵심 이론이라고 할 수 있는) 합리화rationalization의 압박에 노출될 수밖에 없기도 하다.

달리 말해 물질적 보상과 사회적 명예를 분배하는 과정에서, 애초 인간 행동을 이끌었던 열정이 점차 상실되는 경향은 인간이 만든 어떤 조직도 피할 수 없다는 것인데, 이를 일상화 내지 관료화라고 불러도 크게 틀리지는 않을 것이다. 문제는, 그러면서 편협한 자기 이해와 질투, 배신, 증오, 음모 등의 요소들이 조직과 제도를 끊임없이 퇴화시키는 결과로 이어지고, 세상의 어떤 좋은 법이나 규칙으로도 이를 막기 어렵다는 데 있다.

정치에서 조직과 제도의 퇴화를 막는 궁극적인 요소는 조직과 제도라는 그런 인위적 장치들을 운영하는 사람에 있으며, 그 가운데 가장 중요한 것은 지도자의 역할이다. 선뜻 인정하기 싫겠지만, 이 사실을 회피하고 현실의 정치를 진지하게 다룰 수는 없다. 정치의 세계를 이끄는 정치가의 리더십, 즉 지도자로서의 매력과 통치자로서의 능력을 발휘하지 못한다면 제도나 조직을 잘 이끌기 어렵다는 것이다. 제도와 절차, 법규와 같은 형식적 규율만으로 좋은 조직, 좋은 공동체를 발전시킬 수 있다고 생각한다면 그건 인간의 현실이 아니다.

잘 알다시피 근대 이후의 정치는 대규모 대중 선거가 중심이 되어 왔다. 그리고 그런 세계를 이끄는 인간의 조직은 정당인데, 정당이 중심이 되는 정치에서도 마찬가지로 문제의 핵심은 '리더십 있는 정당 민주주의'가 작동하느냐 아니냐에 있다. 아마도 이렇게 반론할 수도 있겠다. 리더십의 역할에 의존하지 않는 정당 민주주의라야 대중 권력이 강해지지 않을까? 천만의 말씀이다. 리더십 없는 정당 민주주의의 필연적 결과는 정파나 도당 같은 '강한 소수' 내지 '비가시적 권력'이 지배하게 된다는 것이다. 강의를 통해 왜 그렇게 되는지를 설명하겠지만, 이 점을 깊이 생각하지 않으면 안 된다.

베버를 통해 지금까지의 이야기를 다시 구성해 보자.

우선 베버는 "자신의 영혼 또는 타인의 영혼을 구제하고자 하는 자는, 이를 정치라는 방법으로 달성하고자 해서는 안 된다."라고 말한다. "마키아벨리가 말했듯이" 정치란 근본적으로 "영혼의 구원보다 자신이 태어난 도시국가의 위대함이 더 소중하다고 생각하는 사람들을 칭송"하는 일이기 때문이다.

그러나 그 과업을 실천하는 일은 간단치 않다. 따라서 베버는 정치에 대한 소명을 감당하지 못할 사람이라면 "차라리 소박하고 순수하게 사람들 사이의 형제애를 도모하고 그저 자신의 일상에 충실한 게 좋을 것"이라고 말한다.

인간의 영혼을 위로하는 좋은 종교인도 있어야 하고, 도움이 필요한 사람들에게 오로지 봉사와 희생으로 헌신하는 사람도 있어야 할 것이다. 가족을 건사하는 데 모든 것을 바치는 가장과 주부의 노력이 존중되어야 하듯이 평범한 직장인이 발휘하는, 일에 대한 열정과 헌신도 평가해야 한다. 정치가 아니더라도 인간적인 세계를 살찌우는 일들은 많다. 그러나 앞서 살펴보았듯이 정치는 이런 일들과 종류가 다른 일이다.

베버에게 있어서 정치란 "열정과 균형 감각 둘 다를 가지고 단단한 널빤지를 강하게 그리고 서서히 뚫는 작업"으로 이해된다. 어느 하나만 가지고 있다면 널빤지가 쪼개지거나 구멍을 뚫지 못하고 작업을 중도에서 포기하고 말 것이다. 신념을 갖되 헛된 열정, 헛된 흥분이 되어서는 안 된다. "흥분이 진정한 열정인 것은 아니며" 그러므로 "낭만적 감흥에 도취된 허풍선이"가 되면 "윤리를 독선의 수단으로 악용"하는 결과를 낳기 쉽다.

결과를 중시하지 않고 고귀한 의도나 정당성 내지 진리에 대한 의무만을 고집하는 행동은 "진리를 북돋는 것이 아니라 악용된 열정의 분출을 통해 오히려 진리가 은폐"되게 만들 수도 있기 때문이다. 그러면서 이렇게 말한다.

"순수한 신념에서 나온 행위의 결과가 나쁠 경우, 신념 윤리가는 그것이 자신의 책임이 아니라 세상의 책임이며 타인들의 어리석음에 그 책임이 있다거나 또는 인간을 어리석게 창조한 신의 책임으로 본다. 그에 반해 책임 윤리가는 인간의 평균적 결함을 고려한다. …… 인간의 선의와 완전성을 전제할 어떠한 권리도 없다고 생각한다. 그래서 …… 자신의 행동의 결과를 다른 사람에게 뒤집어씌울 수 없다고 믿는다."

베버는 정치에서 책임 윤리의 부재를 일종의 정치적 죄악으로 본다. "사랑의 윤리는 '악에 대해 폭력으로 대항하지 말라.'라고 말하지만 정치가에게는 거꾸로 '너는 악에 대해 폭력으로 저항해야 한다. 안 그러면 너는 악의 만연에 책임이 있다.'라는 계율이 더 타당"할 때가 많기 때문이다.

4
신념 윤리와 책임 윤리

이야기를 계속해 보자. 베버가 신념 윤리를 경시했다거나 그를 권력정치의 옹호자로 간주하는 해석들이 있지만, 그건 지나치게 단순한 해석이다. 우선 그는 이렇게 말한다.

"정치가라는 직업은 우선 권력감을 제공한다. 사람들에게 영향력을 행사하고 그들에 대한 지배에 참여하고 있다는 의식과, 무엇보다도 역사적으로 중대한 일을 하는 과정에서 중추적 역할의 일부분을 담당하고 있다는 느낌은 ─ 심지어 공식적으로는 변변찮은 직위에 있는 직업 정치가조차도 ─ 자신이 평범한 존재들 위에 우뚝 서있다는 생각을 갖게 한다. 그런데 직업 정치가가 마주해야 할 질문은 자신이 어떤 자질을 갖춰야 이 권력을 제대로 다루고, 그래서 자신에게 부과된 책임성을 제대로 감당해 낼 수 있을 것인가에 있다."

이런 세계에서 대의에 대한 헌신 없는 권력정치가가 표면적으로 아무리 당당한 정치적 성공을 거둔다 해도 "그 성공에는 피조물 특유의 공허함이라는 저주가 드리워져" 있다. 베버에게 권력정치론은 "인간 행위의 의미에 대한 극도로 빈약하고 얄팍한 오만함의 산물로서, 이런 오만함은 모든 행위, 특히 정치적 행위에 내포되어 있는 비극성을 전혀 인식하지 못한 데"서 비롯된다.

따라서 그는 "벼락부자처럼 자신의 권력에 대해 허풍을 떨며 권력 도취에 빠져 허영에 찬 자화상에 몰두하는 짓거리 등, 순전히 권력 그 자체를 숭배하는 모든 행태는 정치력을 왜곡시키는 가장 해로운 형태"라고 보았다.

물론 신념 윤리만으로 정치의 일을 다하려는 식의 태도는 무의미하다. 베버가 보기에 최고의 신념 윤리가라 할 수 있는 혁명가조차 "갑자기 종말론적 예언자로 돌변"하는 경우가 많다.

또한 유물론적 역사관에 대한 이들의 믿음이 제아무리 강하다 해도 "혁명의 열정이 식은 후에는 전통주의적 일상이 찾아오고" 그런 믿음이 "정치적 속물과 정치적 기술자들의 관습적 상투어의 일부가 되는 운명"을 피할 수 없다고 보았다.

결국 신념 윤리도 중요하고 책임 윤리도 중요하다는 말이 되는데, 안타깝게도 베버는 그런 편안한 결론을 허용하지 않는다. 베버는 단호하게 그건 불가능하다고 말한다.

"신념 윤리와 책임 윤리를 조화시키는 것은 불가능하다. 설사 우리가 목적에 의해 수단을 정당화하는 원칙을 어느 정도 인정한다고 하더라도, 어떤 목적이 어떤 수단을 정당화하는지를 결정할 수 있는 윤리적 계율을 만드는 것은 불가능하다."

그 어떤 이론으로나 철학으로도 해결이 불가능하다면 이 문제는 정치의 현실에서 실천적으로 고민되어야 하는 것이자, 결국 정치가가 감당해야 할 몫이 될 수밖에는 없다는 말이 된다. 선한 목적과 도덕적으로 의심될 만한 수단을 결합해야 하는 정치의 운명을 기꺼이 감수하고자 하는 담대한 인물, 그러면서 목적과 수단의 불편한 조합을 통해 유익한 결과를 이끌어 낼 수 있는 유능한 인물만이 윤리적 기준으로는 해결할 수 없는 정치의 현실을 이끌 수 있다는 것, 베버가 궁극적으로 말하고자 한 것은 바로 여기에 있다. 그래서 그는 특별한 소명 의식과 담대함을 갖는 정치가를 자신의 정치 이론의 중심에 두면서 이렇게 말하는 것이다.

> "내적으로 무기력하고, 또한 스스로의 마음속에서 그에 대해 적절하게 답할 수 없는 자는 [정치가라는] 이 직업을 택하지 않는 것이 좋다."

• • • • •

10분간 휴식 시간을 가졌다. 흡연을 위해 베란다로 몰려간 수강자들 사이에서 평소 '파블리토'pablito라는 닉네임으로 잘 알려진 박정훈 남미 전문가의 목소리가 들려왔다. "나는 소박하고 순수하게 형제애나 도모하며 일상에 충실하게 살아야 하나 봐." 그 말에 많은 사람들이 큰 웃음으로 화답했다.

여전히 불편하지만 그 불편함을 가볍게 넘기려는 그런 생각들이 아니었을까 싶다. 우리가 나눌 이야기는 여기서 끝나지 않을 것

이기에, 나는 그들이 결국엔 희망과 적극성을 갖게 될 것이라고 생
각했다.

5
정당 민주주의와 리더십

베버의 이야기를 계속 들어 보자. 현대 민주주의의 중심 요소라 할
수 있는 정당과 관련해서도 그는 앞서와 마찬가지로 말한다.

현대 국가와 같은 "대규모 공동체에서 (정당이라는) 이런 운영 조
직 없이 선거가 제대로 치러질 수 있으리라고 생각할 수 없"음은 누
구의 눈에도 자명해 보인다. 실제로 "정당은 민주주의, 보통선거제,
대중 동원 및 대중조직의 필요성 그리고 지도부의 고도의 통일성과
매우 엄격한 규율의 발전 등이 낳은 결과"이기도 하다. 그렇다면 정
당이면 다 되는가?

아니다. 정당에서도 결국 지도자가 중요하다. "지도자와 그 추
종자는 모든 정당이 필수적으로 갖춰야 할 기본 요소"이다. 평범한
보통 사람들의 경우도 "정당이 가진 추상적 강령만을 위해서가 아
니라 한 인간에 대한 절대적·개인적 헌신"으로 자신의 역할을 한
다. 널리 인정받는 지도자가 나타나지 않으면 그 순간부터 정당은
"명망가들의 허영심과 이해관계에 매몰되거나 당 관료들의 손에
서" 놀아나게 된다.

그래서 베버는 "지도자 없는 정당의 민주주의"라는 것은 결국

"전형적인 파벌 본능에 빠지고 명망가들의 동업 집단으로 변해 버려 저널리스트들이 득세하고 관료 본능이 당을 지배"하는 것으로 귀결될 수밖에 없다고 말한다. 베버의 결론은 단호하다.

"달리 선택은 없다. ……지도자 있는 민주주의 아니면 지도자 없는 민주주의가 있을 뿐이다. 후자는 지도자의 필수 요건인 내적 카리스마의 자질이 없는 직업정치가들의 지배를 의미한다. 그리고 이들의 지배는 …… 도당의 지배라고 부르는 것이다."

결국 베버에게 있어 정치의 미래는 "정치적 재능을 가진 자들이 충분한 정치적 과제를 떠맡을 수 있는 기회가 어떻게 마련될 수 있을 것인가."에 달려 있게 된다.

우리는 어떤가? 정치적 재능을 가진 사람들에게 기회가 주어지고 있는가? 당신의 정당은 어떤가? 혹 대의에 대한 헌신이나 소명의식 없는 명망가들이나 도당들에 의해 정당의 정치에너지가 탕진되고 있는 것은 아닌가? 아마 베버였다면 틀림없이 여러분에게 이런 질문을 던졌을 것이다.

6
직업이자 소명으로서의 정치

지금까지의 이야기를 몇 가지 사례를 통해 한 번 더 생각해 보자.

2009년 초 노무현 전 대통령은 자신의 측근들을 불러 "정치, 하지 말라."고 당부했다면서, 자신의 홈페이지에 긴 글을 올렸다. 퇴임 후에도 "죽을 때까지 정치를 하고 민주주의를 실천하겠다."던 분이 갑자기 의외의 주장을 하고 나선 것이다. 여러분이라면 이런 주장에 대해 어떻게 생각했을까? 얼마나 힘들었으면 그랬을까라고 생각해야 했을까? 나는 2009년 3월 12일자 『경향신문』 칼럼 "직업으로서의 정치"에서 베버의 이야기를 통해 내 생각을 이렇게 말했다.

"최근 노무현 전 대통령은 "정치, 하지 마라"로 시작하는 긴 글을 발표했다. 정치인 해야 "얻을 수 있는 것에 비하여 잃어야 하는 것이 너무 크기 때문"이란다. 정치인의 길에는 거짓말, 정치자금, 사생활 검증, 이전투구의 수렁이 존재하고, 대부분 정치인들은 이 수렁에 빠져서 정치 생명을 마감하거나, 살아남았다 하더라도 깊은 상처를 입고, 다행히 무사히 빠져 나온 사람들도 결국은 비난이나 법적인 위험, 양심의 부담을 안고 살아야 한단다. "항상 욕을 먹는 불행한 처지가 될 수밖에" 없고, 그렇게 사람들로부터 경멸과 분노의 대상이 되어도 "정치인들은 어쩔 방법이 없다."며 원망을 토로하기도 했다. 그러면서 정치인의 불가피한 비극적 운명에 대해 "시민들의 이해"를 요청했다. 정치를 직업으로 하는 사람들에게는 큰 위안이 되었을 것 같다.

1919년 1월 말 독일의 사회학자 막스 베버는 한 진보적 학생 단체가 주최한 자리에서 "직업으로서의 정치"라는 제목으로 강연을 했다. 혁명으로 제정이 붕괴된 지 두 달이 지난 시점이었고 학생들은 정치 참여의 열정을 느낄 만한 강렬한 내용을 기대했다. 베버는 자신의 강연이 "틀림없이 여러분을 실망시킬 것"이라는 말로 시작해, 정치란 다른 직업과는 달리 매우 특별한 윤리적 기준을 필요로 한다는 사실을 강조했다. 국가라는 정치 조직체를 운영해야 하는 정치가는 그 수단으로 — 권력, 강제력, 합법적 폭력 등 뭐라 정의하든 — 인간의 '악마적 힘'을 사용할 수밖에 없기 때문이다. 따라서 베버가 볼 때 책임감 있는 정치가라면, 선한 목적을 위해 때로 윤리적으로 의심스러운 수단을 선택할 수도 있어야 하는 운명을 자각해야 하고 이런 윤리적 역설을 감당할 자신감과 능력을 가져야 함을 강조했다. 실제로 사회를 개선하는 결과를 만들어 내는 것이 중요하다고 말하면서, 행여 자신의 정의감이나 신념을 과시하는 데 급급해 결과적으로 상대 세력의 위세를 키우고 자신이 지켜야 할 세력을 위축시켜서는 안 된다고도 말했다. 그런 정치가는 결과가 나쁠 경우 그 책임을 "타인들의 어리석음이나 세상의 비열함"에 돌리게 될 것이다. 나아가 스스로를 박해받는 희생자로 묘사하거나 아니면 자신을 비난하는 사람을 저주하는 일에 매달릴 것이다. 이런 태도야 말로 "정치에서 치명적 죄악이라 할 무책임성"이며 정치라는 "인간 행위의 진정한 의미에 대해 극도로 빈약하고 오만한 이해의 산물"이라고도 했다.

정치인을 너무 탓하지 않았으면 좋겠다고 생각하는 심정이야

이해할 수 있고, 단순히 정치인을 모욕 주는 것도 옳지 않지만, 그렇다 해도 노 전 대통령처럼 정치를 보게 되면, 좀 더 살 만한 인간 사회를 만들어 가는 데 있어서 정치의 역할이 왜 중요한가를 생각하기 어렵다. 업적을 남기고 사람들로부터 존경을 받는 대통령이나 정치가의 사례가 없는 것도 아니라면, 정치가의 비극적 운명 역시 불가피한 사실이 아니다. 정치인 해봐도 별것 없다고 굳이 생각한다면, 베버가 말한 대로 "차라리 소박하게 사람들 간의 형제애를 추구하고 자신의 일상에나 열심"이었어야 했다.

베버는 정치가로서 기대되는 역할을 하지 못하고 지탄을 받자 정치의 현실을 탓하며 거짓 예언자처럼 변질되는 정치가를 경멸하면서, 세상이 어리석고 비열하다 해도 "'그럼에도 불구하고!'라고 말할 능력이 있는 사람, 이런 사람만이 정치에 대한 소명을 가지고 있다."라는 말로 강연을 마쳤다. 아무리 생각해 봐도 오늘날 한국 정치가 안고 있는 비극성의 기원은, 제대로 된 정치가의 부재에 있지, 정치가의 힘든 처지를 이해 못하는 시민에게 있는 것 같지는 않다."

노무현 전 대통령이 이루지 못하고 좌절했던, 평생 실천하는 정치가의 꿈을 누군가는 꼭 실현했으면 좋겠다. 정치가라는 역할도 자부심을 가질 만한 행복한 직업이 되었으면 좋겠다.

7
누가 정치를 하는가

2004년을 기점으로 진보적인 정당들도 의석을 갖게 되면서 많은 사람들의 기대를 받았다. 하지만 그 뒤 진보 정당들은 정파 갈등 때문에 끊임없이 분열함으로써 많은 사람들을 실망시켰다. 2012년 통합진보당 사태는 그 절정이었다. 통합진보당은 같은 해 4월 총선에서 13석의 의석을 얻어 많은 사람을 놀라게 했지만, 곧바로 내부 갈등에 휩싸여 다시 분열했는데 그것이 가져온 결과는 거의 재난에 가까웠다. 그러나 누구도 책임 있는 문제 해결자로서 역할을 하지 못했고 주춤거렸다. 그런 상황에서 『매일노동뉴스』 8월 27일자 칼럼에 막스 베버의 테마를 다시 불러들여 필자의 생각을 다음과 같이 말했다.

"인간이 천사라면 정치는 필요 없을 것이다. 천사에게 정부를 맡길 수 있다면, 정치 이외의 삶에서 인간의 열정을 발휘하는 것으로 족할지도 모른다. 그러나 인간은 천사가 아니고 천사들만 정치를 하게 만들 수도 없기에, 정치는 평균적 인간이 가진 한계 위에서 기대와 실망, 갈등을 동반하면서 실천될 수밖에 없다. 그렇다면 누가 정치의 일을 감당해야 할까.

오래전 아리스토텔레스는 "좋은 사람이 좋은 시민 나아가 좋은 정치가와 일치하는가"라는 질문을 제기한 적이 있다. 우선 그는 이상적인 정치체제에서라면 그럴 수 있겠지만 현실에서는 그러기 어렵다고 말한다. 그렇다면 "좋은 사람이 정치가를 하는 것과 좋은 사람은 아니더라도 정치가로서 좋은 역할을 하는 것 가운데 어느 쪽이 더 나은가." 하는 질문을 다시 던질 수 있다고 하면서, 그는 좋은 사람일지라도 정치가로서 제 역할을 못하는 것보다, 사람의 좋음과는 상관없이 정치가로서 제 역할을 하는 것이 더 낫다고 답한다.

훌륭한 사람이 되는 일이 개인의 책무라면 공동체를 잘 가꾸는 일은 공통의 책무이기에, 좋은 통치자가 되고 동시에 좋은 피치자가 되는 정치의 조건을 만드는 것이 먼저라는 것이다.

시민이 번갈아 통치에 참여했던 아테네 민주주의와는 달리 현대 민주주의에서 정치는 독립된 직업이 됐다. 따라서 정치의 과업을 맡는다는 것은 과거와는 다른 행위규범을 갖지 않으면 안 되게 됐는데, 이 문제를 누구보다도 철저하게 파고든 사람이 있다면 단연 막스 베버다.

현대 정치는 그 이전과는 달리 한 사회의 인적·물적 자원을 통제하는 거대한 관료제 국가에서 이뤄진다. 그 속에서의 정치는 인간의 자유의지를 구속하는 대규모 권력 현상을 동반하는데, 이때의 권력이란 무엇인가를 가능케 하는 힘이면서 궁극적으로는 타인을 강제하는 조직적 물리력을 본질로 한다.

결국 정치가는 강제력이라는 '악마의 무기'를 손에 쥐는 일을 피할 수 없는 바, 그의 정치행위가 갖는 윤리성을 착하고 옳고 바른 도덕적 삶에서 찾을 수는 없다. 다시 말해 정치는 선악의 기준과는 다른 별도의 차원을 갖는데, 그것은 반드시 하지 않으면 안 되는 정치의 과업이 있고 그 일을 잘 하는 것을 통해 결과적으로 좀 더 선한 인간의 삶을 영위할 수 있는 공동체적 조건을 진작시키는 것을 지향해야 한다는 것이다.

베버는 정치가가 된다는 것은 정신적으로 매우 위험하고 힘든 일이라는 점을 강조하면서, 그것을 니체의 『자라투스트라는 이렇게 말했다』에 나오는 "나 개인의 안위가 아니라 누군가 하지 않으면 안 되는 과업"을 추구하는 일로 비유했다. 나아가 권력이 주는 유혹에 무너지지 않도록 내적으로 단단해짐과 동시에 외적으로는 거대한 관료제를 움직일 수 있는 실력을 갖추기 위해 끊임없이 스스로를 단련시켜야 한다고 말했다.

베버가 이런 정치관을 말했던 당시의 독일은 요즘 식으로 말하면 민주화 초기였다. 그는 이대로 가다가는 권위주의적 반동이 도래할 것이라고 걱정했는데, 그 이유 가운데 하나를 끊임없이 분열을 반복하는 사회민주당의 '프티부르주아적 멘털리티'에서 찾았다.

그것은 두 요소를 갖는다. 하나는 "리더십의 역할에 대한 부정"이고 다른 하나는 "옳음의 윤리를 앞세우는 것"에 있었다. 모두가 자신이 옳다는 주장을 앞세웠고, 그 주장이 받아들여지면 모든 것이 해결될 것처럼 말했다.

그러다 보니 정당을 어떻게 잘 운영할지, 규율과 리더십의 역할을 어떻게 잘 제도화할지, 이견을 조정하고 당내 다원주의를 어떻게 뿌리내리게 할지와 같은, "하지 않으면 안 되는 과업"을 위해 집합적 에너지를 모으려는 노력보다, 왜 내 생각대로 안 하냐고 서로 화만 내고 그 탓을 남에게 전가하는 일을 계속하고 말았다. 그러는 사이에 자신들의 멘탈리티는 붕괴됐고 나치즘이 급성장하는 일이 벌어지고 말았다.

정치의 윤리성은 제대로 된 정당을 만드는 과업을 얼마나 잘 했는지, 필요하다면 과감하게 "악에 대해 폭력으로 대응"해서라도 그 과업을 성취하는 데 얼마나 적극적이었고 유능했느냐에 있지, 자신과 견해를 달리하는 사람들을 향해 그들이 얼마나 나쁜가를 말하며 욕보이고 자신의 옳음을 과시하는 것으로 자신의 일을 다했다고 자족하는 데 있지 않다. 좋은 뜻을 세웠다면 부디 성과를 내야 할 것이다."

물론 우리가 잘 알고 있듯이 성과는 없었고 진보 세력의 분열은 계속되었다. 진보 정당들도 제대로 된 정당 조직을 만들고 리더십이 제 역할을 하는 대중 정당으로 발전하는 날이 빨리 왔으면 한다.

8

도덕적 비애감

스스로를 정치가라고 생각하는 사람들을 만나면 막스 베버 이야기를 많이 한다. 그런데 잘못된 이해나 편향된 이해도 많은 것 같다. 그런 문제의식에서 2012년 10월 8일자 『매일노동뉴스』 칼럼으로 내 생각을 다음과 같이 말했다.

"가끔 운동권 출신 정치인과 대화할 기회를 갖는다. 흔히 '386 정치인' 내지 '486 정치인'이라고 불리는 그들의 이야기를 듣다 보면, 그들에게 운동의 경험은 무엇이었을까 하는 회의적인 생각을 할 때가 있다. 그런 사람일수록 '책임 윤리'라고 불리는 막스 베버의 개념을 자주 인용한다.

정치는 냉혹한 현실이고 따라서 신념을 앞세워서는 안 된다고 하면서 "베버가 말했듯 정치는 신념 윤리의 세계가 아닌 책임 윤리의 세계야."라고 말하는 사람도 있다. 그러다 보니 어느 순간 그들에게서 정치는 운동과는 단절해야 하는 어떤 것이 되었고, 정치가로서의 유능함은 오히려 운동적이지 않은 다른 무엇인가를 의미하는 것이 되었다.

그들이 말하듯, 운동과 정치는 다르다. 옳은 말이다. 그러나 내생각에, 다른 것은 실천론에 관한 문제일 뿐 신념이 달라질 수는 없다고 본다. 어린 시절 부모 형제의 희생 덕분에 대학에 가게 되고, 사회의 부조리함에 맞서 학생운동을 하고, 그 뒤 사회운동을 하면서 자신이 소중히 여겨야 할 사람들의 삶이 늘 같은 모양새로 있는데, 운동할 때와 정치할 때 자신의 신념이나 자세가 다르다면 그건 어딘가 이상한 일이기 때문이다.

특히 진보파의 경우 현실의 정치에서는 소수파일 수밖에 없는데, 그들이 스스로를 견뎌 내는 가장 근본적인 힘은 신념 내지 대의에 대한 헌신이라는 사실을 어떻게 부정할 수 있겠는가. 따라서 "경험해 보니까 역시 현실 정치는 다르다."는 말이 신념과 열정의 부재를 변명하는 알리바이로 사용될 때마다 불안한 마음이 든다.

필자 역시 진보 정치에 나선 사람들에게 "신념을 앞세우는 정치"를 하지 말아야 함을 말하고 운동과 정치는 다르다는 점을 강조해 말하지만, 그들과 나의 이해 방법은 근본적으로 다른 것 같다. 그들이 즐겨 막스 베버를 인용하지만, 그것 역시 오독이라고 본다.

베버에게 신념 윤리는 좋은 정치의 출발점이다. 신념에 기초를 둔 소명 의식 내지 대의에 대한 헌신이 없는 정치가를 그는 인정하지 않았다. 다만 그것만으로는 안 된다는 점, 신념 윤리와는 별도로 책임 윤리가 필요하다는 것을 말하고자 했을 뿐이다. 그에게 책임 윤리란 신념 윤리에 따른 목표를 현실에서 실현할 때 가져야 할 윤리를 말한다. 다시 말해 신념에 상응하는 결과를 성취하거나 그 가능성을 확대하는 차원에서의 윤리성을 말하려는 것이다. 문제는, 책임 윤리가 신념 윤리의 연장일 수 없다는 것, 예컨대 초심과 진심, 진정성만으로 정치의 세계에서 가능성을 개척하기는 어렵다는 데 있다.

정치적 실천을 함에 있어 때로 전략적 계산도 해야 하고 질투와 편견을 동원하는 계략도 필요할 때가 있고, 나아가서는 강제와 폭력도 필요하다는 것을 부정할 수 없기 때문이다. 이는 분명 자신의 도덕적 선의와 충돌하는 행위들이다.

그럼에도 불구하고 그런 방법도 불사하면서 자신에게 맡겨진 과업을 하지 않으면 안 되는데, 따라서 제대로 된 정치가라면 늘 윤리적 딜레마 앞에서 고민하는 존재이지 않을 수 없다. 정치의 윤리적 기준은 신념 윤리가 아니라 책임 윤리라고 말하고, 신념의 토대 없이 정치적 유능함만을 추구하는 정치가라면 그런 '도덕적 비애감'이 있을 수 없을 것이다.

베버는 그런 정치가를 '천박한 권력정치가'에 불과하다고 말했다. 해결할 수 없는 윤리적 딜레마 앞에서 고민하고 도덕적 비애감 속에서 몸부림치더라도, 그 때문에 자신의 내면이 무너지지 않도록 스스로 단련하고, 실력을 갖추기 위해 노력하는 속에서 성숙한 인간의 정치가가 출현하기를 기대했던 것이다.

지금 한국 정치에서 1단계 진보 정치의 실험은 종결되었다. 새롭게 출발할 수밖에 없게 되었고, 그런 점에서 이전과는 달라졌으면 좋겠다. 그런데 자꾸만 발견하게 되는 것은, 점차 신념의 힘은 찾아보기 어려워지고 뻔히 들여다보이는 계산에만 밝은 유형의 행태들이 많아지고 있다는 사실이다.

그들에게 공통적으로 느껴지는 것은 진보다운 기백이 없다는 점이다. 당연히 특별한 인상을 주지 못하게 되었다. 신념을 가진 진보 정치가로서 도덕적 비애감을 뚫고 단단한 내면과 인격의 힘을 보여 주는 사람은 어디 없을까.**"**

9
인간적 한계와 정치적 이성

끝으로, 인간의 평균적 결함과 피조물의 운명적 한계를 고려한 정치를 강조한다고 해서 소극적 정치관으로 연결되는 것은 아니라는 말을 하고 싶다. 생각을 달리하면 그것은 신의 세계나 천사의 세계, 악마의 세계의 단조로움에 비해 인간 삶의 풍부함을 깨닫게 하는 원천이기도 하다.

선과 악, 기쁨과 슬픔, 자기애와 동료애, 사랑과 배신, 개인과 전체, 아름다움과 추함, 열정과 이해관계, 어제와 오늘 그리고 오늘과 내일, 유한함과 무한함 등등, 인간적 한계를 자각하는 것에서부터 인간적 정치의 희망과 적극성은 발현될 수 있다.

그렇지 않고 정치를 이상과 신념, 이념의 수단으로만 생각한다면, 다시 말해 베버가 말하듯이 "피조물의 운명에 거슬러 행동한다면" 누구든 그는 "정치의 비극적인 희생자가 되고 말 것"이다. 그런 운명에 굴복하지 말 것, 어떤 경우에도 "그럼에도 불구하고"를 외치며 정치의 길을 포기하지 않는 것, 그것이 정치가다.

오늘 이야기로부터 우리는 몇 가지 교훈을 얻을 수 있다. 우선 평균적 인간이 가진 한계의 기초 위에서 정치적 실천이 이루어져야 한다는 것은, "무지의 가능성에 대한 자각" 내지 "불확실성에 대한 존중"이 왜 중요한지를 이해하게 한다.

여기에 정치란 위험한 분야이고 잘못된 결정이 파국적 결과를 낳을 수도 있다는 자각이 더해지면, 누구든 타인의 의견 내지 이견을 존중하는 자세를 갖지 않을 수 없다. 그런 자세는 자연스럽게 이념과 가치의 다원주의, 타인에 대한 인간적 정중함과 관용을 핵심으로 하는 정치적 이성을 갖게 한다.

진보든 보수든 이런 정치적 이성의 기초 위에서 경쟁해야 사회적으로 유익한 결과를 가져온다. 무엇보다도 정치적 이성에 대한 자각을 통해 인격적인 깊이를 갖는 정치가로 성장하는 것이 중요하다. 인간적 한계에 대한 고려가 없고 정치적 이성을 갖추지 못한 진보라면 보수보다 더 나쁠 수 있다는 생각을 해야 한다.

근본적으로 진보는 지금의 현실을 개조하거나 변화시키고자 하는 인위적 노력을 최대한 실천하려는 힘이라 할 수 있는데, 그 힘이 정치적 이성과 인간미의 풍부함 없이 추구된다면 현상 유지를 중시하는 보수보다 훨씬 더 파괴적일 수 있기 때문이다.

진보의 열정이 정치적 이성과 만나고 그것이 좀 더 넓고 풍부한 인간적 기초 위에서 성장해 갈 때 진보 정치는 매력을 갖게 될 것이라는 점, 이런 생각으로부터 다시 힘차게 출발했으면 좋겠다. 여전히 그 길은 열려 있고 누군가를 기다리고 있다.

10

강의를 마치며

결론적으로 소명 의식을 갖는 좋은 정치가가 많아졌으면 좋겠다는 희망을 이야기하고 싶다. 길게 말하기보다 내가 경험했던 이야기로 결론을 대신하려 한다.

2010년 즈음에 노회찬 당시 진보신당 전 대표가 운영하는 '마들 연구소'에서 강의를 한 적이 있다. 수강자 가운데 오랫동안 노동운동을 하다가 서울시 시의원을 하게 된 여성 정치가 심재옥 씨가 있었다. 강의 중간에 잠깐 휴식 시간을 가졌는데, 여러 사람들이 그녀가 노동운동을 했을 때보다 표정이 밝고 부드러워졌다고 말했다. 그녀는 예쁜 미소로 이렇게 답했다.

"정치를 만난 것은 인생의 행운이었어요. 그 전에는 우리 편이 아닌 사람들에 대한 분노가 많았어요. 길을 가다가 전경들을 보면 노동자들에게 폭력이나 일삼는 죽일 놈들이라 생각했죠. 공무원들을 보면 다 도둑놈들이니 모두 감옥에 처넣어야 한다고 생각했고요. 늘 불만에 가득 차있었고 변하지 않는 현실 때문에 괴로웠죠. 내가 지금도 그런 생각을 하며 살고 있다는 상상을 하면, 너무 끔찍해요. 사람들이 얼마나 열심히 사는지, 그들에 게서 배울 게 얼마나 많은지, 좋은 공무원들 덕분에 일이 얼마나 수월한지, 내가 정치를 하지 않았다면 그런 것들을 알 수 없었을 거예요. 정치는 내 인생을 바꿔 놓았어요."

그녀의 말과 표정이 우리가 함께 있던 작은 공간 전체를 밝게 비추고 있다는 느낌을 받았다. 그날의 내 강의보다 더 멋지고 아름다운 이야기였다.

여러분 가운데서도 이런 이야기를 자신 있게 하는 사람들이 많이 나왔으면 좋겠다. 오늘 강의를 마친다.

정치의 기술,
실천의 기술

'인간이 어떻게 사는가'와 '인간이 어떻게 살아야 하는가'는 분명
다른 문제이기 때문에, 마땅히 해야 할 바를 행해야 한다며 일반
적으로 행해지는 바를 등한시한다면 그는 파멸로 이끌리게 될 것
이다. —마키아벨리, 『군주론』에서

1

정치적 실천론

오늘 강의에서는 정치적 실천론과 관련된 이야기를 해볼까 한다. 미국의 빈민 지역 운동을 이끌었던 사울 알린스키와 미국 대통령 버락 오바마의 사례가 많이 다뤄질 것이다. 책으로 두 사람을 만나고 싶다면, 『급진주의자를 위한 규칙』과 『내 아버지로부터의 꿈』을 추천하고 싶다.

다른 학문과 달리 정치학이란 교과서를 만들기 어렵다. 그만큼 정치의 현실은 복잡하고 풍부하다. 그러다 보니 제아무리 뛰어난 정치학자라 해도 정치가로 성공한 사례가 거의 없다. 그런 점에서 정치가에게 '이래야 한다, 저래야 한다.'를 말하는 것은 분명 주제 넘는 일이다. 오로지 알린스키와 오바마라는 이야기의 소재에 한정해서만 그런 무모한 일을 할 수 있을지 모른다.

사울 알린스키(1909~72년)

어쨌든 체계화할 수 없는 정치적 실천론 전체를 말하기보다, 실천의 문제를 생각하는 방법에서 몇 가지 신선한 인상을 받을 수만 있다면 그것으로 충분하다고 본다.

알린스키는 시카고의 가난한 러시아계 유대인 이민 가정에서 태어나 시카고 대학 재학 시절 대공황을 경험하면서 빈민 지역 운동을 했다. 미국 빈민 지역 운동의 모델 내지 전통을 만든 지도자라 할수 있다. 제2차 세계대전 이후에는 주로 활동가 교육을 했고, 힐러리 클린턴이나 버락 오바마 등 개혁적 엘리트들과 사회운동가들에게 큰 영향을 미쳤다. 힐러리는 학생 시절 그에 대해 논문을 썼고, 오바마는 알린스키의 계보를 잇는 시카고 빈민 지역 운동에 3년간 헌신했다.

오바마가 빈민 운동에 헌신하는 과정은 그의 책『내 아버지로부터의 꿈』에 자세히 묘사되어 있다. 오바마가 시카고의 "흑인 형제 곁으로" 간 것은 1985년으로 그는 누구보다도 열심히 그 일을 했다. 그러나 긴 운동의 성과는 같은 시기 시카고 최초의 흑인 시장인 해럴드 워싱턴이 한 일에 비하면 너무 왜소했다.

『내 아버지로부터의 꿈』에 보면 오바마가 자신과 함께 운동했던 여성 흑인 활동가들에게 몹시 화를 내는 장면이 나온다. 한 행사장에서 그들은 해럴드 워싱턴을 만나게 되어 있었고, 시장을 만나서는 자신들이 준비한 다른 행사에도 참석해 줄 것을 부탁하기로 했다. 그런데 막상 시장을 만나자 활동가들은 시장의 부드러운 풍모와 매너에 반해 마치 스타 연예인을 만난 팬처

버락 오바마

럼 되어 버렸다. 그러고는 시장을 초청하는 일을 잊고 말았다. 그런 하찮은 데 정신이 팔려서야 무슨 활동가를 하느냐며 화를 참지 못하고 행사장을 떠나는 오바마에게 나이든 한 활동가는, 그들이 시장을 집회에 초대하는 걸 잊었다는 게 뭐 그리 대단한 잘못이냐며 이렇게 말했다. "당신이 시시껄렁한 행동이라고 말한 것이 그 사람들에게는 최고의 즐거움이었어요. 10년이 지난 뒤에도 여전히 다른 사람들에게 자랑할 거라구요. 그게 그들 자신이 얼마나 중요한 사람인지 느끼게 해준다는 걸 잊지 말아요." 오바마는 자신이 지나쳤다는 것을 깨닫고 곧 사과했지만, 이 경험을 통해 그는 그간에는 한 번도 생각해 보지 않았던 정치에 대해 깊이 생각하게 된다.

해럴드 워싱턴은 재선에 성공했지만, 안타깝게도 두 번째 임기 중에 사망했다. 그는 심장병 징후가 있다는 진단을 받았고 먹는 것을 조심해야 한다는 의사의 경고를 들었다. 하지만 그는 자신을 지지했던 보통의 흑인들이 먹는 값싼 정크 푸드를 먹으며 과로를 했

해럴드 워싱턴(1922~87년)

고 집무 중에 심근경색으로 사망했다. 그가 시장실에서 일하다가 책상에 엎드려 죽은 모습은 그 자체로 많은 사람들의 가슴을 울리는 사건이 아닐 수 없었다. 그를 추모하는 긴 행렬은 연일 계속되었고, 슬픔을 참지 못하고 오열하는 흑인들의 모습

은 보는 사람들의 마음을 더욱 아프게 했다.

그해 말, 오바마는 "빈곤이나 불평등과 같은 구조적인 문제를 해결하기 위해서는 권력에 대한 기존의 나의 태도를 바꿔야 한다."라는 생각에 이르게 되었고 정치가의 길을 준비하게 된다. 다음 해인 1988년 그는 하버드 대학 로스쿨에 들어갔다. 『하버드 로 리뷰』 *Harvard Law Review*라는 법률 평론지 최초의 흑인 편집장이 되어 전국적으로 유명세를 얻고 우수한 성적으로 로스쿨을 졸업한 오바마는 1992년 시카고로 돌아왔다.

그는 민주당의 대통령 후보와 상원 의원에 출마한 흑인 여성 후보의 당선을 위해, 흑인 유권자를 대상으로 한 투표자 등록 운동을 전개하는 것으로 정치 활동을 시작했다. 이어 1995년 『내 아버지로부터의 꿈』을 출간하고 1996년 일리노이 주 상원 의원에 당선되었다. 2004년까지 3선의 주 상원 의원을 지낸 그는 2004년 민주당 전당대회 연설을 통해 다시 한 번 자신을 인상적으로 알렸고, 그 여세를 몰아 연방 상원 의원에 당선된다.

2005년 연방 상원 의원의 임기를 시작한 그는 2006년 『담대한 희망』을 출간했으며 2007년 2월 대통령 선거 출마 선언을 한 뒤 2008년 11월 미국의 제44대 대통령으로 당선되었다. 워싱턴에 입성한 지 3년 반 만에 말이다!

2

의사소통의 기술과 말의 힘

알린스키가 운동가의 실천론을 발전시키는 데 기여했다면 오바마는 정치가로서 거의 불가능해 보였던 성취를 이룬 사람이다. 그런데 흥미로운 것은 운동가와 정치가로서 두 사람의 실천론에서 어떤 간극이나 긴장이 발견되지 않는다는 사실이다. 오히려 오바마는 알린스키의 실천론을 정치의 영역에서 가장 잘 구현한 사람이라고 느껴질 만큼 유사한 면이 많다.

알린스키가 '의사소통의 기술'을 강조했다면 오바마는 '말의 힘'을 강조했다. 알린스키는 운동가들에게 자신의 생각이나 이념, 가치를 수혈하거나 계몽하려 하지 말고 보통 사람들의 경험의 세계에 기초해 대화할 것을 끊임없이 강조했다. 그는 늘 "가서 그들의 말을 들어라."라고 했는데 오바마의 책을 읽다 보면 계속 '듣는다'listen to 라는 표현이 나오는 것을 발견할 수 있다. '듣는 것도 실력'이라는 것을 잘 보여 주는 사례가 아닐 수 없다.

우리나라 정치가들은 유권자들을 만나면 비굴할 정도로 자세를 낮춘다. 운동가들은 말끝마다 민중을 소리 높여 외친다. 그러나 실제로 그들을 믿거나 존중하는 것 같지는 않다. 보이는 데서만 보통 사람들을 떠받들고 자신을 낮추는 가식적 태도 대신 그들과 친구처럼 대화할 수 있으면 좋으련만, 그렇게 할 수 있는 사람을 보기 어렵다. 이 점에서 오바마나 알린스키는 특별한 면이 있다. 그들은 보통 사람들과 동등한 입장에서 스스럼없이 말하고 듣고 서로 배우는 방법을 알았다. 유권자를 동료 시민으로 생각할 수 있는 사람만이 민주주의의 가치에 상응하는 정치가가 될 수 있다.

알린스키는 "의사소통은 청중의 경험 안에서 이루어져야 하며 타인의 가치관을 온전하게 존중해야 한다."라는 점을 누구보다 강조했다. 사람들의 경험 세계 안에서 수용되기 어려운 언어를 반복함으로써, 사람들로 하여금 '저 사람은 운동권이라 그래.'라는 정형화된 이미지를 갖게 하는 것은 어리석은 일이라 했다.

알린스키는 이렇게 말한다. "사람들은 익숙한 경험이 주는 안전함으로부터 갑작스럽게 밖으로 뛰쳐나가고 싶어 하지 않는다. 그들은 스스로의 경험에서부터 새로운 방식으로 나아가기 위한 다리를 필요로 한다." 좋은 정치가나 제대로 된 조직가는 그 일을 하는 사람이다. 그렇게 다리를 놓기보다 그들을 계몽하고 가르치려는 방법으로 실천하는 것은 대중을 멀어지게 만들 뿐이다.

정치가라면 대중의 실제 경험 세계와 소통할 수 있는 튼튼한 다리를 만들고 뚜벅뚜벅 건너서 자신의 길을 넓혀 나갈 수 있어야 할 것이다.

개인적인 이야기지만, 오바마의 책을 보면서 무엇보다도 글이 아름답다는 생각을 했다. 인간에 대한 이해, 정확히 말하면 인간의 한계와 위대함에 대한 이해와 그로부터 얻게 되는 삶의 지혜가 그의 정치적 견해를 두툼하게 감싸고 있기 때문이라 생각한다. 『내 아버지로부터의 꿈』은 그가 서른세 살에 낸 책인데, 나는 그 책을 마혼 다섯에 읽었다. 내용과 문체 모두 좋았고 무엇보다 정치와 인간을 이해하는 그의 수준이 나를 압도하는 느낌이었다. 누군가 서른셋에 그런 인식의 수준을 보여 주는데 그때 나는 어땠나를 돌아보려니까, 갑자기 말할 수 없는 열등감이 폭풍처럼 밀려 왔다. (강의에서 이렇게 말했을 때 모두가 큰 소리로 웃었다. 인간의 가장 솔직한 모습의 하나가 열등감과 질투심이라는 사실을 우리 모두 잘 알고 있었다.)

어디선가 오바마는 "진보적인 것과 정치적인 것 사이에는 아주 좁은 오솔길만이 나있다."라고 말한 적이 있다. 진보적인 것은 선한 의도와 목적을 지향하지만 정치적인 것에는 인간이 갖고 있는 악의 요소, 어두운 측면이 함께 있기 때문이다. 오바마로 하여금 진보와 정치를 양립시킬 수 있는 그 좁은 길에서 큰 성과를 얻게 한 힘은, 그가 정치를 이해하는 실력에 있지 않나 싶다. 넓은 인간적 기초 위에서 진보적인 것과 정치적인 것 사이의 좁은 길을 내는 일, 오바마의 책을 읽으면서 그것이야말로 우리 사회에서도 좋은 진보 정치가가 힘써야 할 일이 아닌가 생각했다.

3
있는 그대로의 현실에서 실천하기

반체제가 아니라 "체제 내부에서 일해 나가는 것"의 중요성을 알린 스키만큼 설득력 있게 말하고 있는 사람도 드물다. 그러면서 알린스키는 이렇게 말한다. "변화의 정치학을 이해하는 데 필요한 기본적인 전제 조건은 세상을 있는 그대로 인정하는 것이다. 세상을 우리가 원하는 모습으로 바꾸기 위해서는 있는 그대로의 세상에서 그것의 법칙대로 일해야 한다."

레닌이나 마오쩌둥, 체 게바라 같은 반체제 혁명가들의 말을 신조처럼 삼아 읊어 대면서 '혁명적 행동'을 주장하는 사람들을 알린스키는 신뢰하지 않았다. 그런 사람들은 대개 "자신의 삶이 핏기 없이 공허한 내용밖에 갖지 못함을 숨기고 있을 때가 많다."는 것이다.

지금과 같은 체제는 도저히 받아들일 수 없다고 주장하는 사람들에게 그는 다음의 세 가지 중 하나를 하라고 말한다. "첫째, 가서 통곡의 벽을 쌓고 너 자신을 위로하라. 둘째, 미쳐 버린 후 폭탄 투척을 시작하라. 하지만 그 방법은 사람들을 우파로 돌아서게 만들 뿐이다. 셋째, 교훈을 얻어라. 고향으로 가서 조직화하고 힘을 모아서 다음 전당대회에서는 대표가 되어라."

알린스키가 권하는 것은 당연히 세 번째의 민주적 방법으로 실천하라는 것이다. 민주주의에서라면 "잘못은 현 체제가 아니라 그들 자신에게 있다."라는 것을 정치가는 받아들이지 않으면 안 될 것이다.

자칭 '급진파' 내지 '좌파'임을 스스로 즐겨 말하는 사람들의 이야기를 듣고 있노라면, 두 가지 생각이 든다. 하나는 그들은 누군가를 비난함으로써 자신의 존재감을 확인하는 사람들 같다는 것이다. 이야기의 상당 부분은 자신과 생각이 다른 모든 사람에 대한 저주로 이루어져 있기 때문이다.

다른 하나는 근본주의적 태도에서 비롯되는 문제다. 수강자 가운데 한 사람이 마르크스 경제학자로 잘 알려진 대학교수의 비정규직 관련 강연 내용을 소개하면서, 내게 어떻게 생각하는지를 물었다. 그 강연의 요지는 "비정규직의 근원은 자본주의에 있다. 자본주의가 있는 한 비정규직 문제는 피할 수 없다. 문제는 자본주의다. 비정규직의 고통을 완화하려는 제도 개선 투쟁을 해봐야 별것 없다. 자본주의 철폐를 위해 투쟁해야 한다."라는 것이었다.

내 대답은 이랬다. 이런 종류의 좌파들은 체제에 모든 책임을 돌리고 현실을 개선하려는 노력을 중시하지 않는다. 그래 봐야 자본주의만 정당화해 준다며 개혁을 부정하는 사람도 가끔 본다. 그런 사람들은 자신의 이념을 정당화하기 위해 늘 타인의 고통을 필요로 한다. 대중이 더 고통스럽고 박해받아야만 자신과 같은 좌파들의 존재가 빛난다는 사실을 그들은 무의식중에 드러낼 때가 많은데, 참으로 곤란한 일이 아닌가 한다.

있는 그대로의 세상을 받아들이면 변화에 대한 열망이 사라지지 않을까? 알린스키는 그 반대라고 말한다. 있는 그대로의 세상을 받아들인다고 해서 "그렇게 되어야 한다고 믿는 모습으로 세상을 바꾸어 나가려는 우리의 바람"이 약화되는 것은 아니라며, 오히려 그렇게 할 때 변화와 개혁의 의지를 더 강하게 만들 수 있고 바로 그 부분에서 한 개인이 갖는 내면의 강함은 더 깊어진다는 것이다.

그렇지 않고 마치 세상의 이치를 다 아는 듯 단순화해서 설명하고 그 모든 변화가 한 번에 가능하다고 믿는 독단적 교리는 "인간의 자유에 대한 적"이라고 말했다. 옳은지 그른지에 대한 판단 앞에서 깊이 고민하는 것, 그것이 인간적 깊이를 갖는 사람의 자세이다. 알린스키는 "인간의 정신은 과연 우리가 옳은지를 살펴보는 내적 의심이라는 작은 불빛을 통해서만 빛날 수 있다."라는 인상적인 말을 했다.

반면 "자신이 진리를 소유하고 있다고 완전히 확신하고 있는 자들은 내적으로는 어둠에 가득 차있고 외적으로는 잔혹함과 고통, 불의로 세상을 어둡게 한다."라고 말한다. 그러면서 그는 이렇게 덧붙인다. "인생은 불확실성을 추구하는 것이고 인생에서 유일하게 확실한 것은 불확실성이다. 조직가는 불확실성과 함께 살아갈 수 있다." 그리고 바로 그럴 때에만 "그는 냉소주의나 환멸 속으로 무너져 내리지 않는 것이다. 환상에 의지하지 않기 때문이다. …… 최우선적으로 알아야 하는 것은 당신 자신이다. 자신을 아는 사람은 자신의 바깥으로 걸어 나갈 수 있으며, 자기 자신의 반응을 마치 관찰자처럼 살펴볼 수 있다." 이 얼마나 멋진 말인가.

1990년대 중반 어느 때인가 사회주의자를 자처했던 김문수 씨가 집권당에 입당하면서 그 이유를 설명하는 공개서한을 보낸 적이 있다. 자신은 사회주의자였지만 동유럽과 소련의 해체를 보면서 환멸을 느꼈고, 그래서 자신의 과거를 버리고 새로운 정치를 해보겠다는 내용이었다. 나는 너무 놀랐다. 나는 그가 우리 사회의 가난한 보통 사람들에게 정당한 대가와 권리를 가져다주기 위해 싸웠다고 생각했는데, 그게 아니라 이념을 위해 그랬다는 것이다. 사회주의를 위해 청춘을 바쳤는데 결국 그것은 잘못된 환상이었다는 사실을 알게 되어 이제 보수정당에 들어가게 되었다? 이런 논리를 여러분은 어떻게 생각하는가? 잘못된 것은 이념의 문제가 아니라 자기 자신과 인간을 이해하는 문제가 아니었을까?

4
촌철살인의 정치관

이제부터는 정치에 대한 잘못된 상식과 이에 대한 알린스키의 날카로운 반론을 몇 가지 살펴볼까 한다.

정치 해봐야 자신만 더럽힐 뿐이라는 주장은 흔하다 못해 이제는 진부해질 지경이다. 알린스키에게 정치가는 비굴하지 않고 과감하게 행동하는 사람이다. "역사의 맥락 속으로 들어감으로써 스스로를 더럽히는 것을 두려워함은 미덕이 아니라 미덕을 회피하는 방법이다."라는 자크 마리탱의 말을 인용하면서 알린스키는 스스로를 더럽히는 것을 두려워하는 사람을 가리켜 "유대인과 정치범들이 길에서 끌려가는 참담한 모습을 보지 않기 위해 창의 덧문을 닫는 사람들"이라고 말한다. 정치, 하려면 과감하게 뛰어들어야 한다.

갈등·권력·타협과 같이 사람들이 나쁘게 생각하지만 실제로는 매우 중요한 말들에 대해 알린스키가 내린 정의는 매우 인상적이다. 갈등을 없애야 한다거나 부정하는 사람에 대해서 그는 이렇게 말했다.

"갈등은 자유롭고 개방된 사회의 본질적인 핵심이다. 만일 민주적 삶의 방식을 음악 작품의 형태로 나타내려고 한다면, 그것의 주선율은 불협화음의 하모니가 될 것이다."

갈등이 민주적 삶과는 떼려야 뗄 수 없는 요소라는 생각은 확실히 우리 사회에서 낯선 것이 아닐 수 없다. 하지만 갈등을 부정하고는 민주주의를 말할 수 없다. 계속 이야기하겠지만 민주주의란 '갈등에 기반을 둔 갈등의 체제'이기 때문이다.

이야기를 계속하자. 알린스키의 말 가운데 가장 인상적인 대목은 권력에 대한 것이 아닌가 싶다. 권력이라는 용어가 대중에게 혐오감을 줄 수 있으니 그 용어 대신 '협치'나 '거버넌스' 같은 비정치적 개념을 쓰면 좋겠다고 생각한다면 그의 다음 말을 들어 보라.

"그처럼 순화된 동의어를 사용함에 따라 본래의 말에 결합되어 있는 비통함과 고뇌, 애증, 고통, 승리감이 사라진다. 그 결과 남는 것은 무균질의 활기 없는, 삶의 모조품일 뿐이다. …… 우리가 (권력이라는 말처럼) 단순명료한 말을 쓰는 것은 …… 현실을 우회하지 않겠다는 결심 때문이다. 권력은 적절한 말이다. 그 말은 애초부터 정치 가운데에서 생겨났으며 정치의 일부가 되어 왔기 때문이다. 이처럼 직설적인 단어를 관용할 수 없는 사람들에게 영합하여 순화된 말을 고집하는 것은 시간 낭비다."

권력에 가까이 갈수록 타락하지 않을까를 걱정하는 사람들에게는 이렇게 말한다.

"권력의 부패는 권력 자체에 있지 않고 우리 자신에게 있다. …… 권력은 삶의 진정한 본질이며 원동력이다. 그것은 몸에서 피를 순환시키고 생명을 유지하는 심장의 힘이다. 그것은 공동의 목적을 위해 위로 솟아올라 단결된 힘을 제공하는 적극적 시민 참여의 힘이다. …… 권력이 존재하지 않는 세상이란 생각할 수도 없다. …… 성 이그나티우스는 '일을 제대로 하기 위해서는 권력과 권한이 필요하다.'라고 말했다."

그럼 결국 어떻게 하란 말인가. 그의 대답은 이렇다.

"권력을 알고 이해하며 두려워하지 않는 것, 그것은 권력을 건설적으로 이용하면서 통제하는 데 필수적인 것이다. 권력 없는 삶은 죽음이다. 권력 없는 세상은 유령 같은 황무지, 죽은 땅이다."

타협에 대한 그의 이해도 훌륭하다. 일반적으로 타협은 유약함, 우유부단함, 고매한 목적에 대한 배신, 도덕적 원칙의 포기와 같이 어두운 내용을 갖고 있는 말이다.

"그러나 조직가에게 타협은 핵심적이고 아름다운 단어이다. 타협은 실질적으로 활동할 때 언제나 그 안에 존재한다. 타협은 거래를 하는 것인데, 거래는 절대적으로 필요한 숨고르기, 크지는 않지만 보통 정도의 승리를 의미하며, 결국 타협은 획득하는 것이다. …… 자유롭고 개방적인 사회는 끊이지 않는 갈등 그 자체이며 갈등은 간헐적으로 타협에 의해서만 멈추게 된다. …… 타협이 없는 사회는 전체주의 사회다. 자유롭고 개방적인 사회를 한 단어로 정의해야 한다면 그 단어는 '타협'일 것이다."

또한 정치가는 스스로 자긍심을 가져야 할 것이다. 그것은 "자신의 능력에 대한 긍정적인 확신이자 신뢰"이다. 알린스키가 덧붙이는 말은 다음과 같다.

"자신의 존엄성을 존중하지 않는다면 어떻게 타인의 존엄성을 존중할 수 있겠는가. 자신에 대한 진정한 확신이 없다면 어떻게 사람들을 믿을 수 있겠는가. …… 조직가는 자신의 인격이 다른 사람들에게 전파될 수 있고 사람들을 절망에서 도전으로 나아가게 하고 대중의 자존심을 창조해 낼 수 있도록 충만한 자긍심을 유지해야 한다."

우리나라 정치가들도 스스로 정치가라는 사실에 자긍심을 가졌으면 좋겠다.

알린스키의 대중관도 좋다. 많은 정치가들이, 겉으로 드러내는 것과는 달리 대중을 무식한 존재로 생각한다. 알린스키는 그런 생각을 "자유 사회의 정신분열증"이라고 말한다. 운동가들도 마찬가지다. 그들은 "민주적 결정을 내릴 역량이 일반 대중에게 있는가 하는 회의"를 갖고 있다. 그래서 "공개적으로는 일반 대중에 대한 믿음을 이야기하지만 내심으로는 강한 의구심"을 갖고 있다.

이런 태도는 치명적이다. 그것은 뛰어난 정치가의 유능한 역량을 파괴할 수 있다. 저소득 집단과의 접촉을 통해 그들은 "민주주의에 대한 정치적 신조를 열정적으로 불러일으키기보다 환멸"을 갖기 쉽다. 당신은 어떤가? 알린스키는 이렇게 말한다.

"사람들은 자신이 열악한 상황을 바꿀 힘을 갖고 있지 않다고 생각한다면 그때는 그것에 대해 생각하지 않는다. …… 사람들이 조직화되어 변화를 일으킬 힘을 갖게 될 때, 그때 그들은 변화의 문제에 부딪히면서 어떻게 변화를 이끌 것인가를 생각하고 질문을 던진다. …… 힘을 위한 도구나 환경을 창조하는 것이야말로 (일반 대중으로 하여금) 알려고 하는 이유를 갖게 하고 지식을 필요로 하게 만든다."

정치가가 할 일은, 상황을 개선할 수 있는 가능성을 보여 주고 그래서 사람들이 알고 싶고 참여하고 싶게 이끄는 '다리 놓기'를 하

는 것이지, 대중의 무관심과 무지를 탓하며 스스로 민주적 가치를
버리는 데 있지 않다.

5
화만 내서는 안 되는 이유

일부 진보파들이 보이는 가장 나쁜 습속은 '분노는 나의 힘!'을 외치
는 것으로 자신의 일을 다했다는 식의 행태가 아닌가 한다. 그들은
화를 내고 세상을 탓하는 일에는 익숙하지만 사람들과 함께 대안을
만들고 꾸준히 실천하는 노력은 잘 못하는 경우가 많다. 어쩌면 끊
임없이 화를 낼 이유를 찾는 사람들 같다는 생각이 들 때도 많다. 그
런 사람에게 알린스키의 이야기가 도움이 될 듯하다.

> "한때 나는 조직가가 필요로 하는 기본적 자질은 불의에 대해
> 마음으로부터 분노할 줄 아는 것이라 …… 믿었던 적이 있다.
> 이제 나는 분노가 아니라 (상상력이라고) 이해하고 있다."

왜냐하면 "상상력은 조직가들이 계속 조직할 수 있도록 유지시
켜 주는 힘의 연료일 뿐만 아니라 효과적인 수단과 활동의 토대"이
기 때문이다. 분노에서 그치지 않고, 그것을 실천적 에너지로 전환
하는 노력이 중요하다.

얼마 전 사회적으로 의미 있는 일을 해보자는 취지를 내건 한

모임에서 변호사 한 분을 만난 적이 있다. 젊지만 이미 사회적으로도 잘 알려져 있는, 법조계의 대표적인 정의파이자 진보파였다. 시원시원한 성격인지라 첫 대면에서 으레 갖게 되는 어색함을 금방 벗어날 수 있어서 좋았다.

그런데 한참 거듭된 그의 말과 행태를 듣고 보면서, 좀 지나치다고 느껴지는 면이 있었다. 자기주장이 너무 강하다고 할까? 뭔가 주장은 주장인데 자신이 못마땅하게 여기는 세상의 모든 것들에 관해 거침없이 표현한다고 할까? 정부의 잘못된 정책이나 행태에 대한 비난이야 이미 이 동네에서는 자연스러운 일이니 그렇다 처도, 자신이 지지하는 정당과 여러 사회운동 단체, 나아가 그곳에서 활동하는 여러 사람들에 대해서도 그의 비판은 강하고 격렬했다.

말의 내용이나 논리에 대해서는 그의 판단이니 존중해야 한다고 생각했지만, 듣고 있는 나를 거슬리게 한 것은 그의 큰 목소리와 공격적인 용어 선택이었다. "에고, 여기 싸움 난 줄 알겠네요." 하며 소리를 좀 낮췄으면 하는 바람을 내비쳤지만 "누구든 자기 생각을 자유롭게 말할 권리가 있는 것 아니겠습니까?"라며 자신은 옳다고 생각하는 것을 말하고 있기에 문제 될 게 없다는 식이었다.

멋쩍게 웃고는 그냥 들어 줘야겠구나 생각했는데, 그래도 마음은 자꾸 불편해졌다. 그럭저럭 자리를 끝내고 일어설 때가 되었고, 그래도 좋게 헤어져야지 하는 생각에 "세상이 마음 같지 않아 화가 많이 나시나 봐요."라는 말을 건네자, 그는 이렇게 말했다. "분노는 운동의 힘이잖아요. '분노하지 않는 자는 조국을 사랑하지 않는 것이다!' 하하하."

분노는 정의롭지 못한 현실에 대해 묵인하지 않겠다는 결단일 때가 많다. 인간 사회가 불평등과 부정의를 줄여 갈 수 있는 것은 그런 현실에 대한 누군가의 분노 때문이라 해도 틀린 말은 아닐 것이다. 가난했던 시절 부모 형제의 도움과 희생으로 고등교육을 받을 수 있었던 우리 사회 엘리트들이, 안락한 삶에 안주하기보다 타인의 고통과 불합리한 사회 현실에 분노하고 뭔가 개선을 위해 열정을 갖는 것도 분명 좋은 일이다.

그러나 경험을 통해 점점 깨닫게 되는 것은, 분노와 열정만으로는 충분하지 않을 뿐만 아니라 오히려 부작용도 많다는 사실이다. 분노와 열정이 인간을 행동하게 하는 가장 근본적인 에너지라 할지라도, 그래도 뭔가 가치 있는 결실을 맺을 수 있으려면 이성과 합리성의 안내를 받아야 한다는 게 나의 생각이다. 공존할 수 있는 범위 안에서의 차이와 이견이라면 무례한 비난에 앞서 건설적인 대화의 길을 찾는 노력을 충분히 해야 할 것이다.

그러면서 이견으로부터도 배우고 서로의 부족함을 보완해 주는 기회를 갖는 것이 필요하다. 잘못을 따져야 할 때도 있지만 경우에 따라서는 한 차원 높은 공동의 목표를 추구하면서 자연스럽게 지난 일의 오류와 한계를 넘어서는 실력을 함께 쌓아 갈 수도 있다. 설령 옳은 일이라 해도 모든 것이 다 따져져야 하는 것도 아니다. 문제의 구조가 스스로 드러나길 기다렸다가 적절한 시점에 관여하는 것이 좋은 방법일 때가 많다.

중요한 것과 사소한 것을 구분해야 하고, 누가 더 옳은가를 다투는 일과 공동의 협력적 실천을 통해 성과를 내는 일의 기쁨을 향유하는 것이 적절히 균형을 이뤄야지, 그렇지 않으면 인간이 만든 그 어떤 조직도 견뎌 낼 수가 없다.

뭔가 크고 좋은 결과를 얻고자 한다면 필연적으로 더 많은 이견과 차이, 갈등을 불러들이게 될 것이다. 그때마다 작은 차이 때문에 협력하지 못하고, 공존하기보다는 대립하고, 그러면서 '분노는 나의 힘'을 외쳐 대는 것으로 자신의 일을 다했다고 한다면 과연 우리는 무슨 일을 이룰 수 있을까.

말의 내용은 단단하고 행위의 결단은 견고하더라도 그 말의 방법은 부드러워서, 차이를 갖는 여러 사람들이 머물 심리적 공간을 넓히고, 그러면서 함께 일을 만들어 가는 즐거움과 행복함의 경험을 쌓아 가야 한다는 실천적 지혜가 '우리 동네의 규범'으로 자리 잡았으면 하는 마음 간절하다.

6
유머와 웃음이 있는 정치

유머와 웃음은 중요하고 또 중요하다. 과도한 확신과 도덕적 우월감에 가득 찬 사람의 표정은 비장하거나 아니면 우울하다. 그런 사람들과 함께 있으면 덩달아 기운이 빠진다. 내가 보기에 우리 사회의 진보적 지식인들은 도덕적 우월 의식이 지나치게 강하다.

그들은 정의롭고 옳은 일을 하고 있다고 믿기에 다른 사람에 대해 함부로 말하고 비판할 때가 많다. 그러면서 앞으로 전개될 향후 상황에 대해 거의 필연적으로 그럴 것인 양 과도한 확신으로 말한다. 의도적 겸손을 과장하는 사람도 많이 보는데 그것 역시 스스로에 대한 우월감을 숨기고 있는 경우가 많다.

인간적 한계에 대한 인식, 불확실성에 대한 존중, 틀릴 수 있다는 가정, 동료 시민에 대한 정중함 등의 가치를 중시하게 되면, 즐겁고 보람 있는 인생을 살기 위해 다른 사람과 협력해야 한다는 적극적인 동기를 갖게 된다. 당연히 나뿐만 아니라 내 주변의 다른 사람들도 그렇게 되기를 바라게 된다. 그런 사람을 만나면 덩달아 기분이 좋아진다.

유머와 웃음이 없는 정치는 재미도 없을 뿐만 아니라 위험하다. 오바마 책에서 가장 비극적인 대목은 "아이들이 더 이상 웃지 않아요."라며 한 활동가가 눈물을 흘리는 어떤 모임 이야기다. 이념도 정치도 운동도 아이들이 웃지 않는다면 의미가 없다. 웃음을 갖게 하는 것은 정치가에게 반드시 필요한 요소이다. 의무이기도 하다. 공식 모임에서 말을 할 때조차 사람들을 편안하게 웃게 하는 유머로 시작하는 정치가들이 많아졌으면 좋겠다.

"웃음이 자신의 건강을 유지하는 수단일 뿐만 아니라 인생을 이해하는 데 핵심이라는 것"을 정치가는 꼭 알고 있어야 한다. 알린스키의 이야기를 그대로 옮겨 보자.

"본질적으로 인생은 비극이다. 비극의 반대는 희극이다. 어떤 그리스비극이라도 몇 줄만 바꾸면 희극이 된다. 그 반대도 사실이다. 모순이 진보의 이정표라는 것을 알고 있기 때문에 그는 늘 모순에 대해 깨어 있다. 유머 감각은 그가 모순을 인지하고 그 의미를 알 수 있도록 도와준다. 유머는 성공적인 전술가에게 필수적이다. …… 유머 감각은 자신의 시각을 유지할 수 있도록 해주며 또한 자신이 과연 어떤 존재인지에 대해 스스로를 직시할 수 있게 해준다."

우리는 "덧없는 순간 동안만 타오르는 조그마한 티끌"이다. 독단에 빠지지 않고 자신의 삶을 밝게 유지하기도 바쁜데 유머나 웃음을 갖지 못한 사람을 참고 견디는 데 시간을 낭비할 필요는 없다.

즐겁게 사는 것, 그것을 위해 웃음과 유머를 잃지 않는 것은 앞서 베버가 말한 "피조물의 비극적 운명"과 맞서 싸우는 가장 효과적인 무기다. 모두 웃음을 잃지 않길 바란다.

7
습관적 반대와 진짜로 반대하는 법

오바마가 보여 준 '말의 힘'은 긴 설명이 필요 없을 것 같다. 그의 연설문 몇 개만 봐도 금방 알 수 있다. 그의 연설 가운데 내가 가장 좋아하는 것은 두 개다. 하나는 2002년 이라크 전쟁 참전 반대 연설이다. 9·11 테러의 충격이 미국 사회를 뒤덮고 있던 때라 유권자의 절대 다수가 참전을 지지하고 있었고 민주당의 대선 후보들도 지지를 천명했다. 그때 오바마는 시카고 진보 단체들이 조직한 반전 집회에서 연설해 줄 것을 요청받았다. 그런 상황에서 여러분이 정치가라면 어떻게 할 것인가?

오바마의 참모들은 연설하는 것에 반대했다. 하지만 오바마는 어쩔 수 없다고 생각했다. 자신의 고향도 아닌 시카고에서 정치적으로 성공하려면, 시카고 진보파들 특히 백인 진보파들의 지지가 절실했다. 연설 요청을 거절한다면 그들은 오바마에게 기대를 걸지 않을지 모른다. 따라서 정치가로서 자신은 그 제안을 거절할 수 없다고 말했다. 걱정하는 참모를 안심시킨 뒤, 오바마는 자신에게 맡겨 보라며 서재로 들어갔다.

며칠 후 오바마는 집회에 나가 "나는 모든 전쟁에 반대하지는 않는 사람으로서 이 자리에 나왔다."로 시작하는 연설을 했다. 모든 연설가들이 '반전'을 누가 더 세게 말할 수 있는가를 가지고 경쟁이라도 하는 것 같던 집회 분위기는 갑자기 긴장감에 휩싸였다. "역시 정치가를 부르는 게 아니었어."라고 말하는 사람도 있었다. 그러나 그가 연설을 마치자, 많은 사람들 속에서 이런 말이 터져 나왔다. "저 사람은 진짜로 이라크 전쟁을 반대하는 사람이다!"

대체 어떤 연설을 했던 것일까. 다음을 보자.

"나는 모든 전쟁에 반대하지는 않는 사람으로서 이 자리에 나왔다. 남북전쟁은 역사상 가장 잔인한 전쟁 가운데 하나였지만, 무력으로 인한 시련과 수많은 인명의 희생을 통해 이 나라를 완성했고 이 땅에서 노예제도라는 사회적 악을 철폐할 수 있었다. 내가 모든 전쟁에 반대하는 것은 아니다. 나의 할아버지는 진주만이 습격당한 다음 날 입대해 패튼 장군의 군단에서 싸웠다. 할아버지는 좀 더 많은 사람들의 자유를 위해 싸웠고, 그것이야말로 민주주의가 악과 대항하여 승리하도록 해주는 힘의 원천이라고 믿었다.

나는 모든 전쟁에 반대하지는 않는다. 9월 11일, 그 처참한 죽음과 폐허 그리고 그 숱한 먼지와 눈물을 목격했고, 이교도에게는 무자비해도 좋다는 미명 아래 무고한 사람들을 살육한 자들을 끝까지 추적하여 색출하겠다는 정부의 약속을 지지했으며, 그런 비극이 다시 일어나지 않도록 하기 위해서라면 기꺼이 내 손에 무기를 들 것이다.

나는 모든 전쟁에 반대하지 않는다. 내가 반대하는 건 어리석은 전쟁이다. 내가 반대하는 건 경솔한 전쟁이다. 내가 반대하는 건 탁상공론에만 열중하는 이 정부의 몇몇 인사들이 인명 손실이나 시민의 고통에 대해 고려도 하지 않고 자기들의 이념을 위한 정책만을 우리에게 강요하는 것에 대해서다.

내가 반대하는 건 정치꾼들이 무보험자 증가, 빈곤율 증대, 중산층 몰락, 그리고 대규모 기업 추문들과 대공황 이래 최악의 수준으로 떨어진 주식시장 등의 문제로부터 시민의 관심을 다른 곳으로 돌리려는 책략에 대해서다. 내가 반대하는 것은 바로 이런 것이다. 어리석은 전쟁, 경솔한 전쟁, 이성이 아닌 감정에 근거한 전쟁, 원칙이 아닌 정치 술수에 근거한 전쟁 말이다.

분명히 밝혀 두겠다. 나는 사담 후세인에 대해 잘못 생각하고 있는 게 아니다. 후세인은 잔인하고 무자비한 인간이다. 자신의 권력을 위해 자신의 국민을 학살하는 자이다. 그가 없다면 세상과 이라크 국민들은 더욱 행복해질 것이다. 하지만 나는 안다. 후세인이 미국이나 주변국에 지금 당장 직접적인 위협이 되지 않는다는 사실을. 나는 안다. 국제사회와의 협력을 통해 사담 후세인도 여타의 모든 시시한 독재자들과 마찬가지로 역사의 쓰레기통에 폐기 처분되는 그날까지 견제할 수 있다는 사실을 말이다.

나는 안다. 이라크 전쟁에서 승리한다 해도 미국은 헤아릴 수 없이 많은 비용을 들여야 하고 헤아릴 수 없이 오랜 기간 동안 주둔해야 하며, 그 결과조차 예측할 수 없다는 사실을. 나는 안다. 분명한 근거와 강력한 국제적 지지가 없다면, 이라크 침공은 중동의 불씨를 부채질하는 격이 될 것이며, 아랍 세계로부터 최선이 아닌 최악의 자극을 충동질하고 종국에는 알카에다의 신입 대원 모집에 힘을 보태 줄 뿐임을 말이다.

나는 모든 전쟁에 반대하는 것이 아니다. 어리석은 전쟁에 반대하는 것이다. 경솔한 전쟁에 반대하는 것이다. 그래서 아이들에게 좀 더 공정하고 안전한 세상을 갖게 해주고자 우리는 대통령에게 확실한 메시지를 전달하고자 한다.

부시 대통령은 싸우길 원하는가? 우리가 진정으로 싸워야 할 일은 핵확산금지조약을 적극적으로 시행하는 일이다. ……

부시 대통령은 전쟁을 원하는가? 우리가 싸워야 할 것은, 소위 우리의 동맹국이라고 하는 사우디아라비아와 이집트가 국민들에게 압제를 가하고, 이의 제기를 억압하고, 부패와 불평등을 허용하고, 경제 파탄을 불러와 자국의 청소년들이 교육받지 못하게 하고 미래에 대한 꿈과 희망도 없이 자라나 테러 조직에 손쉽게 가담하게 만드는 상황을 막는 데 있다.

부시 대통령은 전쟁을 원하는가? 그렇다면 엑슨모빌 사의 이익만을 보장하는 것이 아닌, 새로운 에너지 정책을 통해 중동의 석유로부터 벗어나게 하자. 우리가 싸워야 할 대상은 바로 그런 것들이다. 무지와 편협, 부패와 탐욕, 빈곤과 절망과의 전쟁, 우리가 기꺼이 가담하고자 하는 전투는 바로 이것이다. "

8
정치는 인종을 뛰어넘게도 한다

내가 좋아하는 오바마의 또 다른 연설은 2008년 대선 레이스가 한창일 때 필라델피아에서 했던 인종 문제 연설이다. 많은 사람들이 기억하겠지만, 당시 오바마가 다니는 교회의 흑인 목사는 미국 사회의 인종차별을 격렬하게 비난한 설교를 했다는 이유로 큰 이슈가 되었다. "빌어먹을 미국!"God Damn America!이라는 격한 표현을 쓴 부분만 방송에 집중 보도되었고, 그와 오바마의 관계를 둘러싼 정치적 논란은 일파만파로 퍼져 나갔다. 오바마는 백인들의 지지를 얻는 데 실패할 것이라는 해석이 지배적이었고 그것은 곧 오바마 후보의 몰락을 의미했다.

그런데 우리가 잘 알고 있듯이 오바마는 당당하게 민주당 후보가 되고 공화당 후보와의 경쟁에서 압승함으로써 미국의 44대 대통령이 되었다. 어떻게 가능했을까? 당시 오바마가 했던 다음의 연설문을 보면 여러분도 그 이유를 알게 될 것이다. 그의 연설을 듣고 있노라면 정치에서 말이 갖는 힘이 얼마나 대단한 것인가를 두고두고 생각하지 않을 수 없다. 연설에 잘 나타나 있듯이 흑인의 삶 속에서 그가 획득한 정치적 인식은 흑인만이 아니라 이성적 판단력을 갖춘 백인들에게도 감동적이었다. 이 연설 하나로 "역시 흑인이라 안 된다."라는 그 모든 논란은 종결되었다. 중요 구절만 떼어서 옮겨 본다.

"…… 이번 선거에서 인종에 관한 논쟁이 특히 달아오른 것은 최근 몇 주 동안이었다. …… 과거 나의 담임 목사였던 라이트 목사는 …… 백인과 흑인을 모두 불편하게 만드는 견해를 피력했다.

나는 이미 분명한 어조로 라이트 목사의 발언을 비판한 바 있다. 그럼에도 여전히 궁금증이 남아 있는 모양이다. 라이트 목사가 종종 미국의 대내외 정책을 극렬하게 비판한 것을 알고 있었느냐고? 물론이다. 라이트 목사가 교회에서 논란이 될 만한 발언을 하는 것을 들은 적이 있느냐고? 그렇다. 그의 정치적 견해에 대해 반대하느냐고? 당연하다. 여러분이 여러분의 목사나 신부, 랍비가 여러분과 아주 다른 견해를 드러내는 걸 들어 본 적이 있는 것처럼 말이다. ……

라이트 목사의 발언은 잘못됐을 뿐만 아니라, 통합이 필요한 시기에 분열을 초래했다. 산적한 문제들을 풀기 위해 우리 모두 힘을 합쳐야 할 때 인종 의식으로 우리를 얽매어 놓았다. …… 그러나 진실은, 내가 아는 라이트 목사의 모습은 그게 전부가 아니라는 것이다. 20년도 더 전에 처음 만난 그 사람은 나를 기독교 신앙으로 이끌었고, 서로를 사랑하며 약한 자를 보살피고 가난한 자를 돕는 게 우리의 의무임을 일깨워 주었다. …… 30년 넘게 교회를 이끌며 지역사회에 봉사해 왔다. 노숙인을 재워 주고, 빈곤한 자를 보살피고, 탁아 서비스와 장학금 및 교도소 사역을 제공하고, 에이즈로 고통 받는 사람들에게 손을 내미는 등 이곳 지상에서 신의 사역을 실천해 왔다. ……

그가 비록 완벽한 사람은 아니지만, 내겐 가족과 같다. …… 나는 흑인 공동체를 버릴 수 없는 것 이상으로 라이트 목사와의 인연을 끊을 수 없다. 백인 할머니를 버릴 수 없는 것처럼 그를 외면할 수 없다. 할머니는 나를 키우셨고, 나를 위해 끊임없이 희생했으며, 나를 세상 그 무엇보다 사랑하는 분이다. 하지만 할머니는 언젠가 길에서 흑인 남자들이 옆으로 지나가면 무섭다고 털어놨고, 종종 인종적 편견을 드러내서 나를 당혹스럽게 했다.

이 사람들은 나의 일부이다. 내가 사랑하는 미국의 일부이기도 하다. 내가 이렇게 말하면, 변명할 여지가 없는 발언을 정당화하거나 변명하려는 시도라고 생각할지 모른다. 단언컨대 그렇지 않다. 정치적으로 안전한 방법은 이 사건에서 한 발짝 떨어져서, 얼른 잊히기만을 기다리는 것이다. ……

하지만 인종 갈등은 지금 이 나라가 무시해도 될 만한 이슈가 아니다. 라이트 목사가 미국에 대해 설교하면서 사람들의 감정을 거스른 것과 똑같은 실수를 우리도 저지를 수 있다. 상대방을 단순화하고 정형화하고 부풀려서, 결국 현실을 왜곡하고 마는 실수를 말이다. ……

우리는 수년째 인종적 교착상태에 빠져 있다. 나는, 흑인이건 백인이건 나를 비판하는 사람들의 주장과 달리, 단 한 번의 선거와 단 한 사람의 후보자, 특히나 나처럼 불완전한 후보자로 인해 우리가 인종 갈등을 뛰어넘을 수 있을 거라고 믿을 만큼 순진하지 않다. 하지만 나의 신앙과 미국 국민에 대한 믿음에 뿌리를 두고 있는 굳은 확신이 있다. 함께 노력한다면 오랜 인종적 상처를 딛고 나아갈 수 있으며, 좀 더 완전한 통합의 길로 계속 나아가기 위해선 사실 그것밖에 다른 선택의 여지가 없다는 점을 말이다. ……

라이트 목사의 설교가 갖는 심각한 문제점은 인종주의에 대해 언급했다는 사실이 아니라, 마치 우리 사회가 변하지 않는 것처럼 말한 점에 있다. 마치 진보가 없었던 것처럼, 자신의 신자가 대통령 선거에 출마해 백인·흑인·라틴계·아시아인, 부자와 가난한 자, 젊은이와 노인의 연대를 구축하고 있는데도 이 나라가 여전히 비극적인 과거에서 헤어나지 못하고 있는 것처럼 말한 게 잘못이다. 우리가 알고 있고, 우리가 눈으로 확인하듯 미국은 변할 수 있다. ……

우리에겐 선택할 권리가 있다. 우리는 분열과 갈등, 냉소주의를 키우는 정치를 수용할 수도 있다. …… 인종 문제를 단순히 구경거리로 다룰 수도 있고, …… 심야 뉴스의 소재로 다룰 수도 있다. 라이트 목사의 설교를 매일 모든 채널에서 방송할 수 있고, 지금부터 그에 관한 얘기만 하고, 이번 선거 캠페인의 쟁점을, 내가 라이트 목사의 설교를 신봉하거나 공감하는지의 여부로 한정지을 수도 있다. …… 우리는 그렇게 할 수 있다. 그러나 그렇게 하면, 다음 선거에서는 다른 얘기로 사람들을 혼란에 빠뜨릴 것이다. 그다음 선거에도, 그다음에도 또 그럴 것이다. 그러면 아무것도 변하지 않을 것이다. 이게 한 가지 선택이다.

그게 아니면, 바로 이 시점, 이번 선거에서, 우리는 함께 나아가 '이번엔 아니다.'라고 말할 수 있어야 한다. 이번에 우리는 흑인 어린이, 백인 어린이, 아시아인 어린이, 히스패닉 어린이, 그리고 인디언 원주민 어린이의 미래를 앗아가는 붕괴된 학교에 대해 얘기하고자 한다. 이번에 우리는 …… 냉소주의를 거부하고

자 한다. …… 이번에는 달라야 한다.

이번에 우리는 자랑스러운 같은 깃발 아래서 함께 봉사하고, 싸우고, 피 흘리는 각기 다른 피부색과 종교를 가진 남녀들에 대해 얘기하고 싶다. ……

오늘 특별히 여러분께 남기고 싶은 이야기가 있다. …… 23세의 백인 여성이 있다. 이름은 애슐리 바이아다. …… 그녀는 선거 캠페인 초기부터 주로 흑인 공동체를 조직해 왔다. 어느 날, 사람들이 모여서 왜 선거 캠페인에 참여하게 됐는지 이야기를 나누는 자리에 그녀도 끼어 있었다.

애슐리는 자신이 아홉 살 때 어머니가 암에 걸렸다고 말했다. 어머니는 어쩔 수 없이 며칠 결근을 했고, 결국 그로 인해 해고를 당했다. 그래서 건강보험도 상실했다. 애슐리 가족은 파산 신청을 할 수밖에 없었고, 애슐리는 그때 어머니를 돕기 위해 뭔가 해야만 한다고 결심했다.

그녀는 생활비 중 식비가 가장 많이 든다는 걸 알았고, 어머니에게 자신이 가장 좋아하고 먹고 싶은 것은 겨자 소스가 들어간 샌드위치라고 거짓말을 했다. 당시 그게 가장 저렴하게 끼니를 때우는 방법이었기 때문이다.

애슐리는 엄마의 병이 나을 때까지 1년 동안 그렇게 했다. 그녀는 토론회에 참석한 사람들에게, 자신이 선거운동에 동참한 이유는 자신처럼 부모를 돕고 싶고, 또 도와야만 하는 수백만의 어린이를 도울 수 있을 것 같았기 때문이라고 말했다.

애슐리는 다른 선택을 할 수도 있었다. 아마 혹자는 그녀에게, 네 엄마의 문제는 복지 혜택을 받으면서 일 안 하고 게으르게 사는 흑인이나 히스패닉 불법 이민자들 때문이라고 말했을지 모른다. 하지만 그녀는 생각을 바꾸지 않았다. 그녀는 부당함에 맞서 싸울 연대를 찾아 나섰다.

애슐리는 그렇게 자신의 이야기를 끝내고, 다른 사람들에게 왜 선거 캠페인에 참여하게 됐는지 물었다. 사람들에겐 저마다 다른 사연과 이유가 있었다. 많은 사람이 구체적인 정책 사안을 들어 이야기했다. 그리고 마지막으로, 내내 조용히 듣고만 있던 나이 지긋한 흑인 차례가 됐다. 애슐리가 이 흑인에게 물었다. 그는 구체적인 사안을 들먹이지 않았다. 건강보험이나 경제에 대해 얘기한 것도 아니다. 교육이나 전쟁에 대한 얘기도 아니었다. 버락 오바마 때문에 온 것이라고 말하지도 않았다. 다만 짧게, '나는 애슐리 때문에 여기 있다.'라고 말했다.

'나는 애슐리 때문에 여기 있다.' 이 말만으로, 젊은 백인 여성과 나이든 흑인 남성이 함께 느꼈던 그 짧은 인식의 순간이 다 설명될 수는 없을 것이다. 아픈 사람에게 건강보험 혜택을 주고, 실직자에게 일자리를 주고, 우리 아이들에게 교육을 제공한다는 것으로 충분하지 않다.

그러나 우리는 거기에서 출발한다. 우리의 통합을 더 강하게 성장시키는 지점이 바로 거기다. 한 무리의 애국자들이 필라델피아에서 헌법에 서명한 이래로 221년간 수많은 세대가 깨달았던 것처럼, 거기가 바로 완전한 통합의 출발점이다.”

　강의 때마다 이 연설문 속의 애슐리 이야기를 하곤 한다. 그때마다 잠깐씩 목이 멘다. 정치가라면 누구든 이런 멋진 연설의 경험을 하고 싶은 강한 열망이 있어야 하지 않을까?

　혹시 누군가 오바마의 연설을 보면서, 오바마가 정치적인 필요 때문에 흑인적 실존의 문제를 너무 희석시켰다고 보거나, 아니면 역시 오바마는 흑인과 백인의 혼혈이기 때문에 흑인의 분노를 충분히 이해하지 못하고 문제를 합리적으로만 다룬 것은 아닌가 생각할 수 있을지 모르겠다. 그런 사람을 위해 오바마의 책 한 부분을 인용하고 싶다. 그것은 오바마가 백인 여자를 사랑했을 때의 이야기인데, 오바마는 케냐 출신의 자기 누나에게 이렇게 말한다.

“여자가 한 명 있었어. 뉴욕에. 내가 사랑했지. 머리카락은 검고 눈동자는 초록이었어. 목소리는 뭐랄까. 바람이 만들어 내는 맑은 풍경 소리 같았지. 한 1년쯤 만났어. 주말마다 거의. 때로는 그 애 아파트에서 보고. 또 때로는 내 아파트에서 보고. 어떻게 하면 두 사람만의 세상에 빠져드는지 누나도 알지? 아무도 알지 못하는 두 사람만의 따뜻한 세상. 두 사람만의 언어. 두 사람만의 습관.”

아마도 두 사람만의 만남이었다면 계속 그랬을 것이다. 그러나 결국 두 사람의 교제는 백인과 흑인이라는 서로의 세계와의 만남으로 이어진다. 오바마는 백인 여자 친구의 가족을 만나게 되고 서로 "각각 속한 세상이 엄청나게 멀다는 사실"을 깨닫게 된다. 그러고는 서로 다투기 시작했고, 어느 날 흑인 작가가 대본을 쓴 연극을 보고 나서 결정적으로 헤어지게 된다. 오바마는 이렇게 표현했다.

"연극이 끝난 뒤에 그 애가 말했어. 왜 흑인은 늘 화가 나 있느냐고. 나는 기억 때문이라고 하면서, 유대인이 왜 나치에게 당한 대학살을 기억하냐고 묻는 사람은 아무도 없다는 말도 했어. 그랬더니 그 애가 분노는 단지 막다른 길일 뿐이라고 했어. 우리는 극장 앞에서 그 문제를 놓고 대판 싸웠지. 그리고 차에 탔는데 그 애가 막 울기 시작하더라. 자기는 흑인이 될 수 없다고 했어. 할 수만 있으면 자기도 흑인이 되고 싶은데 그럴 수 없다면서 엉엉 울더라구. 자기는 그냥 자기일 뿐인데, 그것만으로 충분하지 않다고 했어. …… 그 애가 나한테 했던 말을 떠올릴 때마다, 그날 밤 극장 앞에서 말이야, 정말 부끄러운 생각이 든다는 거지."

나는 이 대목을 읽으면서 세상에서 가장 슬프고 불평등한 인간 현실에 대한 이야기를 듣는 느낌이었다. 그 순간 나는 오바마라고 하는 한 인간을 좋아하지 않을 수 없을 것 같다는 강렬한 느낌을 받았다. 오바마는 분명 흑인이지만 그러면서 동시에 자신을 흑인적 세계관에 가두지 않고 좀 더 넓고 보편적인 연대의 세계를 열고자 했다. 정치가 그것을 가능하게 할 수 있음을 2008년 미국의 대통령 선거는 보여 주었다.

· · · · ·

강의를 마쳤을 때, 오랫동안 빈민 운동에 헌신했던 유의선 씨가 이렇게 말했다. "정치를 한다는 일이 더 이상 불편하지는 않아. 다만 어떻게 해야 할지 혼란스러울 뿐이야." 그 순간 강사인 나와 수강자 사이에 경계심은 줄어들고 상호 이해가 생기고 있다는 느낌이 들었다. 이때부터 수강자들의 기색을 살피는 일은 하지 않아도 되겠다 싶었다. (얼마 뒤인 2011년 11월, 유의선 씨는 진보신당 서울시당위원장에 출마하겠다는 선언을 했고, 당선을 확신할 수 없다는 예상을 깨고 압승을 했다!)

민주주의를
이해하는 방법

어떻게 하면 큰 규모에서 민주주의를 실행할 수 있을까? 어떻게
하면 민주주의를 확장하면서도 소규모의 데모스(demos)에서 얻
을 수 있는 대표의 높은 질을 유지할 수 있을까? 이는 평생 나를
매료한 문제였다.―로버트 A. 달, 한 인터뷰에서

1

민주주의를 둘러싼 갈등

오늘 강의의 주제는 민주주의란 무엇인가에 대한 것인데, 아마 오늘의 강의 역시 진보파의 상식과 배치되는 내용이 될지 모르겠다. 내가 민주주의에 대한 우리 사회 진보파의 일부 내지 세칭 좌파들과 생각의 차이가 커져서, 이제는 그 차이를 드러내는 데 주저하지 말아야겠다고 결심하게 된 데에는 2008년 촛불 집회 때의 경험이 결정적이었다. 당시 그들은 직접 행동과 직접민주주의를 말하고 대의제와 선거를 지배의 도구로 여겼다. 물론 내가 동의할 수 없는 주장이었다.

이들에 대한 이견을 분명히 밝힌 것은 촛불 집회가 최고조를 향해 나아갈 때였다. 진보신당에서 마련한 토론회 주제 발표를 통해 나는 민주주의는 대의민주주의이고, 대의민주주의에서 가장 중요한 것은 선거가 영향력 있는 정치과정으로 자리 잡는 것이며, 그때의 핵심은 좋은 정당을 만드는 문제에 있다는 점을 내가 할 수 있는 최대한 분명하게 말했다. 정당? 선거? 대의제? 그때는 씨알도 안 먹히는 분위기였다.

얼마 후 밤늦게 이어진 술자리 때문에 어느 술집에 가 앉았는데, 어느 자리에선가 누군가 내 이야기를 하는 소리가 들렸다. 그들의 이야기를 모두 인용하기는 그렇지만, 요지는 "박상훈, 그 자유주의자가 주제 파악 못하고 진보가 어떻고 민주주의가 어떻고 하며 떠들고 다닌다."라는 것이었다. 좀 있으니 그들 자리에서 프랑스혁명 당시 불렸던 〈라 마르세예즈〉가 들렸다.

자유주의자를 욕으로 말하는 사람이 대표적인 부르주아혁명의 노래를 보란 듯이 부르는 것을 들으면서, 나는 앞으로 서로의 차이가 좀 더 분명해지는 것이 서로를 위해서도 좋겠다는 생각을 했다.

2
민주주의는 어디에서 왔는가

민주주의dēmokratía라는 말은 기원전 6세기경 고대 그리스에서 등장했고, 대표적으로 아테네라고 하는 폴리스의 정치형태를 가리키는 것으로 이해되어 왔다. 아테네 민주주의는 2백 년 정도 지속되었는데, 그 후 아테네 민주정이 몰락한 다음에는 민주주의라는 말 자체가 오랫동안 역사에서 사라졌다. 민주주의라는 말이 다시 나타난 것은 13세기 중엽, 오랫동안 잊힌 상태로 있던 아리스토텔레스의 『정치학』이 라틴어로 번역된 다음이었다. 민주주의라는 말이 영어(democracy)로 표현되기 시작한 것은 그보다도 훨씬 뒤인 16세기말 프랑스어 démocratie의 번역어로 소개되면서부터다.

19세기 말까지 민주주의는 거의 대부분의 정치철학자들과 지식인들에게 부정적인 의미로 이해되었다. 민주주의를 '다수의 전제'나 빈자들의 선동 정치로 여기는 사람이 많았다. 보수적인 정향이 강할수록 더 심하긴 했지만 비판적 지식인들에게도 민주주의는 환영받지 못했다. 장-자크 루소 역시 자신의 책 『사회계약론』에서 말한 것은 공화정republic이었을 뿐, 민주주의는 신들에게나 어울리는 제도이지 인간이 실천하기는 어렵다고 말했다.

사실 제도의 측면에서 냉정하게 말한다면, 정당도 없고 관료제도 없었던 고대 아테네 민주주의와 현대 민주주의는 완전히 다른 체제라 할 수 있다. 그럼에도 거의 2천 년 동안이나 잊고 있었던 민주주의라는 말이 불사조처럼 다시 부활해서는, 아테네 민주정과는 매우 다른 현대 정치체제를 가리키는 용어로 사용되고 있다. 참으로 불가사의한 일이 아닐 수 없다. 헌법·시민권·인민주권·공화정 등 현대 정치의 주요 개념들은 거의 모두 라틴어에서 유래했다는 점을 생각한다면, 또 현대 민주주의가 고대 그리스 민주주의보다 로마 공화정이나 르네상스 시기의 공화정과 유사성이 더 많다는 점을 생각한다면, 왜 유독 민주주의라는 용어만큼은 그리스에 기원을 둔 democracy라는 말로 보편화되었는지 신기할 따름이다.

몽테스키외나 제임스 매디슨처럼 현대 민주주의의 제도적 디자인을 이끈 정치철학자들도 자신들이 만들고자 하는 것은 고대 아테네와 같은 민주정이 아니라 공화정이라는 생각을 분명히 했다. 그런데 프랑스혁명을 거치고 유럽 여러 나라에서 대중의 정치 참여 요구가 강해지면서 이상하게도 공화주의라는 말과 민주주의라는 말이 병용되기 시작하더니 어느 순간 민주주의라는 말이 더 자주 사용되기 시작했다.

그러다가 민주주의라는 용어가 확고한 시민권을 갖게 된 데는,

투표할 권리를 갖지 못했던 노동자와 여성이 중심이 되어 전개한 보통선거권 획득 운동의 성과와 함께, 진보적인 세력들이 대중정당이라는 조직 형태를 발명해 기존 체제에 도전했던 것이 결정적인 역할을 했다. 민주주의는 그 말이 시민권을 갖는 과정에서부터 노동운동과 보통 사람들의 언어였다. 민주주의의 역사에서 가장 중요한 사실은 여기에 있다. 현대 민주주의는 그 탄생에서부터 사회 하층의 배제에 반대하는 정치 언어이자, 모든 사회 구성원들에게 정치적으로 평등한 시민권을 부여하고자 하는 노력의 결정체였다.

민주주의 운동은 19세기에 본격화되었고 제1차 세계대전 이후 절정을 이루었다. 이 시기 독일의 바이마르공화국은 대표적인 민주 정치의 실험으로 여겨졌다. 그러나 바이마르공화국에서 민주주의는 잘 작동하지 않았고 정치 불안이 계속됐다. 군국주의자들은 민주주의에 대한 불만을 공공연하게 표출했고, 혁명파들은 민주주의가 개량에 대한 환상을 만들고 대중을 혁명으로부터 멀어지게 만든

1848년 영국의
차티스트(보통선거권
획득 운동) 집회 장면

다며 소극적 태도로 일관했다.

민주주의가 사회적 합의에 가까운 지지를 받게 된 것은 제2차 세계대전 이후에 이르러서다. 다시 말해 파시즘과 나치즘 그리고 뒤이은 세계대전의 비극적 경험을 거치고 나서야 "좌파는 혁명을 포기하고 우파는 착취를 포기하는 길"을 받아들였고, 그 위에서 민주주의가 비로소 안정적으로 작동하기 시작한 것이다.

이상의 다소 장황한 이야기를 통해 말하고 싶은 것은, 민주주의란 것이 매우 복잡한 문제라는 사실이다. 달리 말하면 민주주의란 곧 '인민의 지배' 내지 '국민에 의한, 국민의, 국민을 위한 통치'라는 어원적 의미만으로 해결할 수 있는 게 거의 없다는 것이다. 민주주의가 한국적 맥락에서는 어떻게 이해되고 있는지를 살펴보면서 이야기를 계속해 보자.

3
전체주의적 민주주의

영국과 프랑스의 경우 전제 군주정 내지 절대 왕정이라고 부르는 구체제로부터의 탈출은 다양한 형태의 자유주의 혁명을 통해 시작되었고, 그 뒤 보통선거와 대중정당의 출현이라는 민주적 전환을 거치며 최종적으로 종결되었다고 할 수 있다. 그리고 그 영향은 계급투쟁과 내전, 파시즘을 넘나드는 수많은 정치 갈등과 두 차례의 세계대전을 거치면서 다른 유럽 국가들로 확산되었다. 그러면서 정당 간 경쟁은 점차 자본주의나 사회주의, 보수주의, 자유주의, 기독교 공동체주의 등과 같은 이념을 둘러싼 것이 되었다.

이들 나라에서는 사람들의 정치 성향을 가리켜 사회주의자, 보수주의자, 무정부주의자, 좌파나 우파 등의 용어는 써도 민주주의자 혹은 민주파라는 용어는 잘 쓰지 않는다. '민주 대 반민주'의 구도로 정치 세력들 사이의 경쟁을 설명하는 경우를 보기는 더 어렵다. 또한 민주주의는 기본적으로 통치 체제 내지 지배 체제의 한 유형을 뜻한다는 점도 생각해야 한다. 군주정monarchy이나 귀족정aristocracy과는 달리 democracy는 쟁취하고자 하는 목적이자 가치의 측면도 갖고 있어서 '민주주의'라는 번역어가 어색하지는 않지만, 기본적으로는 democracy 역시 '민주정' 내지 '민주제'라는 번역어의 의미를 더 많이 갖고 있기도 하다.

우리는 어떤가? 무엇보다도 한국은 유럽과 같이 '자유주의적 전환'을 내용으로 하는 정치 변동을 경험하지 못했다. 근대 이전의 구체제가 제국주의에 의해 해체되었기 때문이다. 민주주의의 제도적 핵심이라 할 입헌주의와 보통선거권 그리고 정당의 출현은 어떤가? 그것 역시 해방 이후 미국이라는 외부의 힘에 의해 별다른 사회 갈등이나 정치투쟁을 동반하지 않고 위로부터 하사되듯 실현되었다.

분명 제도로는 민주주의인데 그 안에 아무런 사회적 내용도, 정치적 갈등과 폭력의 흔적도 각인되지 않았다는 말이다. 그 위에 분단과 전쟁의 효과가 덧씌워진 결과, 좌의 이념은 북한이, 그리고 우의 이념은 남한이 독점적으로 대표하는 비정상적 정치체제가 만들어졌다. 이런 조건에서 남한과 북한이 이내 권위주의로 퇴행한 것은 어쩌면 필연적이었는지 모른다.

아무튼 다양한 사회경제적 갈등을 다원적인 이념의 틀로 다룰 수 없는 상황에서 1980년대의 민주화 운동이 실천되었다. 그 과정에서 우리가 발견하게 되는 흥미로운 상황 전개는 일종의 '전체주의적 민주주의'라고 불릴 만한 현상이다. 다시 말해 바람직한 정치적 가치들이 모두 민주주의라는 말로 표현되었다는 것이다. 그러다 보니 자유주의의 요소도, 공동체주의의 요소도, 사회주의의 요소도 쉽게 민주주의적인 것으로 이해되었다. 좋은 것은 다 민주주의 안으로 밀어 넣어졌다.

이처럼 민주주의가 과도한 단일 척도로 기능함에 따라 모든 문제는 '민주주의의 후퇴냐 진전이냐'로 단순화되었다. 그렇다고 '민주주의와 민주주의가 아닌 것' 사이의 차이가 분명해진 것도 아니었다. 인간이 필요해서 인위적으로 만든 개념의 하나인 민주주의가 때로 너무나 쉽게 의인화되는 일도 많아졌다. 민주주의를 위해 죽고 산다는 주장이 난무하고 '촛불 민주주의'나 '광장 민주주의'처럼 막연한 정서를 불러일으키는 이상주의적 용어들이 쉽게 만들어지고 유포될 수 있는 것도 이런 조건에서 가능했다.

이상과 같은 이유에서 신화로서의 민주주의와 현실로서의 민주주의를 구분하는 일이 우리에게는 매우 중요하다. 스스로 민주주의를 말하면서 나는 어떤 민주주의를 말하고 있고, 왜 내가 그런 민주주의를 주장하는지가 분명해져야 한다. 그렇지 않으면 민주주의는 현실을 개선해 나갈 수 있는 정치적 무기가 아니라 그저 듣기만 좋은 공허한 담론 내지 우리를 잘못된 실천으로 이끄는 이데올로기가 되기 쉽다. 우스갯소리 같지만, '민주주의를 이해하기 위한 민주화 투쟁'이라도 벌여야 하나 하는 생각이 들 때도 가끔 있다.

기본적으로 나는 민주주의든 사회주의든 그 어떤 것도 인간의 삶을 모두 책임질 수 없다고 생각한다. 따라서 인간이 만들어 가고 실천해 가야 할 것들을 과도하게 이상화하지 않았으면 한다. 정치를 벗어난 삶? 얼마든지 가능하다. 정치를 벗어나서도 의미 있는 삶을 살 수 있다. 민주주의를 벗어난 삶? 마찬가지다. 제아무리 좋은 민주주의가 도래한다 해도 인간의 고민과 새로운 상상은 끝이 없을 것이다.

민주주의가 완벽한 최선이고 모든 것이어서가 아니라, 그간 민주주의의 이름으로 실천해 온 가치와 목표가 소중하고 여전히 민주주의의 이름으로 개선해 가야 할 것들이 많기에, 그에 맞게 인간이 적극적으로 실천할 수 있는 민주주의'론'을 생각하고 말해야 한다고 본다.

4
현대 민주주의를 말하다

현대 민주주의는 '시민의 직접 지배' 체제가 아니라 '시민의 동의에 의한 지배' 체제다. 혹은 '일반 시민의 지지에 정당성의 기초를 둔 정당과 정치가들의 경쟁 체제'라고도 할 수 있겠다. 이 점에서 현대 민주주의는 '대중과 정치 엘리트가 협력하는 체제'라고 정의할 수 있으며, 좋은 정당이라면 지지자와 정치가 사이의 좋은 협력의 체계를 어떻게 발전시킬 수 있을까를 고민해야 한다. 진보 정당 또한 나름의 좋은 협력 체계를 발전시켜서 성과를 내야 할 것이다. 시민 역시 단순히 유권자이기만 해서는 안 되며, 당원 내지 특정 정당의 적극적 지지자로도 활동해야 민주주의가 좋아진다.

시민이 직접 통치에 참여했던 고대 그리스 시대의 정치는, (내적으로) "노예와 여성에게 생산과 재생산을 전담시킨 남성 시민 집단의 여가"에 기초해 있었다. 그것도 아주 작고 동질적인 통치 단위에서 실천될 수 있는 것이었다. 정당도 관료제도 없었고 시민 내부에서 계급 갈등의 여지도 매우 작았다. (외적으로는) 도시 공동체 외부에 강력한 적들이 존재하고, 전쟁이 일상화되다시피 했던 환경에서 민주주의가 가능했다. 고대 민주주의의 상징이라 할 아테네의 경우 거의 매년 전쟁을 했다. 그야말로 매우 특별한 조건 위에서 실천되었던 민주주의가 아닐 수 없다.

따라서 대규모의 영토 국가, 대규모의 시민, 사회적 기능의 분화와 전문화 등을 특징으로 하는 현대사회의 민주주의를 말하면서 시민의 직접 통치 내지 집회 민주주의, 광장 민주주의를 대안으로 말하는 것은 비현실적인 동시에 위험한 일이다. 실천될 수 없는 민주주의를 말한다면 그것은 사람들을 민주주의와 멀어지게 만들 뿐이다.

현대 민주주의는 대의제와 보통선거권을 중심으로 하는 여러 제도를 통해 인류 역사상 그 어떤 정치체제보다도 대규모의 사회 구성원에게 정치적 평등의 권리를 부여할 수 있었다. 계급·성·출생·신분의 차이와 상관없이 시민권을 부여한 체제는 현대 민주주의밖에 없다. 이 점에서 현대 민주주의는 이전의 그 어떤 민주주의, 그 어떤 정치체제보다도 진보적이다. 정치권력의 교체가, 폭력을 동반한 정변의 형태를 띠지 않고 정당 간 평화적 정권 교체를 통해 실현된 것 역시 현대 민주주의가 유일하다.

　　인간이 진공상태에서 살 수 없듯이, 민주주의 역시 모든 차이와 갈등이 사라진 광장의 집회장에서 순수한 열정만으로 실천될 수 있는 것이 아니다. 오늘날 민주주의를 발전시키는 문제의 핵심은 대의제를 제대로 하고 투표를 중요하고 의미 있게 만드는 데 있으며, 이 사실을 부정하고 이룰 수 있는 것은 거의 없다. '운동' 내지 '직접

1911년 선거권 확대
요구 집회에서 연설하는
영국 여성들의 모습

성'의 가치는 대의민주주의를 튼튼하게 발전시키면서 그 기초 위에서 다양한 시민 참여의 실험과 제도를 창조적으로 모색하고 보완해가자는 관점에서 접근해야지, "대의제와 선거 민주주의는 진정한 민주주의가 아니고 직접민주주의와 추첨제가 진짜 민주주의"라고 보는 것은 현실이 아닌 신화를 붙들고 있는 것이나 다름없다.

진보도 좋은 정당이 되어야 하고 집권해서 통치자가 되어야 한다. 권력을 선용할 수 있는 정치 이론도 발전시켜야 한다. 유능한 정치 엘리트를 배출해야 하고 그들을 중심으로 수많은 지지자를 대규모로 결집할 수 있어야 한다. 우리 사회에서 진보 정당들은 다른 무엇보다도 바로 이런 과제를 개척하고 실현하는 데 더 큰 노력을 기울여야 할 것이다.

인간 사회에 실존하는 지배와 통치, 폭력의 기능을 부정한다면 그것은 인간 사회의 정치가 아닐 것이다. 인간이 천사가 아닌 이상 정치는 필요하고, 그 위험한 분야를 담대하게 다룰 사람도 필요하고, 그만한 기술과 역량 그리고 전문적인 지식도 필요하다. 민중적인 것, 진보적인 것의 가치만 앞세우면서 현실의 민주주의를 부정하거나 경시해서는 안 될 것이다.

5

갈등에 기반을 둔 민주주의론

이상의 이야기를 미국의 정치학자 샤츠슈나이더의 책 『절반의 인

민주권』을 통해 다시 말해 보자. 내가 볼 때 이 책은 현실에서 실천할 수 있는 민주주의론을 발전시키는 데 가장 좋은 교재 가운데 하나이다. 그러나 그냥 읽으면 잘 이해되지 않을 수 있다.

무엇보다도 이 책은 갈등이 민주주의의 엔진이라고 말하며 갈등의 범위를 확대하고 사회화하는 것을 대안으로 주장한다. 갈등을 사회화하는 데서 가장 중요한 역할을 하는 것은 정당이라고 한다. 사회 하층의 이익과 열정을 기반으로 하는 정당일수록 그처럼 갈등을 사회화하는 데 진력해야 한다고도 말한다.

갈등은 없애고 극복되어야 한다는 게 우리 사회의 공식 문법인데 이와 정면으로 충돌하는 내용이 아닐 수 없다. 정당은 당리당략이나 일삼는 집단으로 보는 풍토에서 정당을 민주주의의 기초라고 말하는 이 책이 편안하게 다가올 리 없다. 그래서 현대 민주주의에 대한 고전 가운데 하나인 이 책이 우리의 경우에는 한참 낯설게 느껴진다. 집중해서 그의 이야기를 한번 잘 들여다보자.

우선 이 책이 말하고자 하는 바를 한마디로 요약하면 이렇다. 아무리 민주주의 정치체제라 할지라도 정당정

치가 사회 갈등을 폭넓게 조직하고 동원하고 통합하지 못한다면 그때의 '시민 주권'은 온전한 것이 될 수 없다. 우리 사회의 정치 상식으로는 여기서 말하는 '갈등의 조직·동원·통합'이라는 말, 게다가 이게 민주주의의 핵심이라는 말이 도통 이해되기 어려울지 모른다. 하지만 이런 말이 자연스럽게 다가오지 않으면 민주주의는 허상에 불과한 것이 된다. 이야기를 계속해 보자.

갈등이란 지역·종교·소득·직업·성·고용형태 등 우리가 서로를 정의하는 사회적 차이를 뜻한다. 노동자로서, 여성으로서, 특정 종교의 신자로서, 비정규직으로서 각자가 공적 의제에 대해 이견을 갖는다면 그 모든 게 집단적 사회 갈등의 분획선이 된다. 국가 개입과 시장 자유의 범위를 어떻게 설정할 것이냐, 한미 FTA를 찬성하느냐 반대하느냐 등의 사안마다 우리는 찬성파, 반대파와 같이 하나의 집단으로 호명된다. 이처럼 집단으로 호명되지 않고는 그 누구도 사회 속에서 존재할 수 없다.

민주주의는 이런 갈등 때문에 불러들여진 정치체제이고 또 그런 갈등 때문에 존재한다. 갈등이 없다면 민주주의는 존재해야 할 이유가 없다. 이렇듯 민주주의는 갈등에 기반을 둔 정치체제다. 그런데 사회적으로 존재하는 갈등의 분포와 정치의 영역에서 존재하는 갈등의 분포가 다르다면 어떻게 될까? 특정 인종이 사회적으로 큰 차별의 대상이 되고 있음에도 불구하고 그들의 집단적 목소리가 정치적으로 배제되어 있다면 어떻게 될까? 고용조건이나 임금에서 큰 차별을 받는 비정규직의 문제가 정치의 영역에서 다뤄지고 있지 않다면, 시민으로서 그들의 주권은 존재한다고 볼 수 있을까? 그렇지 않을 것이다.

그럼 시민이나 일반 대중이 자신의 이익을 '직접' 조직하고 정부에 압력을 행사하면 되지 않을까? 이 책의 저자 샤츠슈나이더는 단호히 아니라고 말한다. 우선 사적 이익집단이든 공익적 시민운동이든 이들 사회집단이 동원할 수 있는 사회 갈등의 범위는 그리 넓지 않기 때문이다. 사회집단은 각자의 협소한 이익과 관심의 범위를 넘어 갈등을 폭넓게 조직하려고 해도 어느 수준에 이르면, 갈등의 범위를 확대하자니 기존의 참여자가 줄고, 이들의 참여를 유지하자니 갈등의 범위를 축소할 수밖에 없는 상황에 처하게 되기 때문이다. 이를 샤츠슈나이더는 '사회집단에 의한 정치적 동원의 불완전성 법칙'이라고 부른다.

또 다른 문제는, 사회집단들이 정부를 향해 경쟁적인 압력 행사를 최대한 조직한다 하더라도 전체적으로 보면 그 영향력은 사회의 상층에 유리하다는 점이다. 실제로 공익적 목표를 지향하는 집단(우리는 이를 시민운동이라고 부른다)을 사례로 봐도 그 구성원들의 다수는 중산층 이상의 계층적 배경을 가질 수밖에 없다는 것이다. 저자는 이를 사회집단의 압력 활동에서 '상층 편향성'이라 부른다. 그렇다면 어떻게 갈등의 범위와 하층의 참여를 최대한 확대할 수 있을까? 이제 이 문제를 살펴보자.

6

정당이 중심이 되는 민주주의

앞서도 이야기했지만 이 책은 '갈등의 사회화'를 말한다. 달리 말하면 최대한 많은 사람이 갈등에 관여할 수 있게 해야 한다는 것, 곧 갈등의 범위를 확대하는 것이다. 예컨대 비정규직 문제를 개별 사업장의 문제 혹은 노동시장의 문제로 국한하는 것이 아니라, 고용구조나 경제체제의 운영을 둘러싼 갈등으로 확대하는 것이 대표적인 예이다.

상층계급은 갈등의 민영화 내지 사사화privatization를 선호한다. 즉 기업이든 시장이든 자신이 관장하는 사적 영역으로 국지화되길 원한다. 노사 자율주의나 규제 철폐가 그들의 슬로건이 되어 온 이유는 거기에 있다. 왜냐하면 사적 영역에서는 자신들이 강자 집단이기 때문이다. 정리해고 문제로 많은 사람들을 고통스럽게 했던 한진중공업 사태에서 볼 수 있듯이, 그들이 가장 두려워하는 것은 농성하는 노동자와 맞서는 것도, 법정 다툼을 하는 것도 아니다. 그들이 필사적으로 피하고자 한 것은, 일반 시민들의 관심이 집중되고 결국 국회 청문회에 불려 나가는 것이었다. 따라서 삼성 등 재벌의 잘못을 교정하려 한다면, 마찬가지로 그들을 국회 청문회라고 하는 민주주의의 장으로 불러들일 수 있어야 할 것이다.

이처럼 갈등의 범위가 기업과 시장을 넘어 사회 전체로 확대되기를 원하는 사람들은 당연히 약자들이다. 그들은 갈등의 문제에 더 많은 사람들과 집단이 관여하게 됨으로써 사적 영역에서 자신들의 약한 지위가 달라지기를 바란다. 그렇다면 민주주의에서 갈등의 범위를 확대하는 최선의 방법은 무엇인가? 그것은 갈등을 공적 영역으로 전환하는 것이다. 민주주의에서 사회 갈등을 공적 영역으로 전달하는 것은 정치의 기능이다. 그리고 현대 정치의 핵심 기구는 정당이다. 갈등이 공적 영역에서 정당에 의해 조직되면 갈등의 규모는 커지지만 갈등의 수는 줄어든다. 민주정치의 비결은 여기에 있다.

문제는 우리 사회에서 정당에 대한 인식이 지나칠 정도로 표피적이고 협애해서 이를 잘못 이해하는 경우가 많다는 데 있다. 언론에 나오는 정치 엘리트들의 집단 정도로 정당을 이해하는 경우가 대부분이다. 이는 분명 한국 정치에서 정당이 얼마나 저발전되어 있는가를 실증하는 현상이 아닐 수 없다.

정치학에서 말하는 정당은 수많은 정의를 갖는다. 가장 고전적인 정의는 '조직화된 사회적 의견' 혹은 서로 경합하는 '세계관'을 뜻하며 따라서 그런 세계관이나 의견의 수가 둘이면 양당제, 그 이상이면 다당제라고 한다. 중요한 것은, 정당이 생활 세계에 미치는 영향이 클수록 다른 정당을 지지하는 사람들과 어울려 지내는 일이 줄어든다는 사실이다. 정당정치가 유럽에 비해 덜 발달했다는 미국에서조차 지지 정당이 다른 사람들이 (직업적 이유와 같은 특별한 경우가 아니라면) 식사 약속을 하는 경우는 흔치 않다. 심리학에서 식사를 함께하는 사람이란, 그가 가장 편하게 느끼는 사람이 누군지를 알아보는 지표인데, 정치적 견해가 다른 사람과 식사를 함께하는 일이 편할 리 없기 때문이다.

중학생 정도 나이만 되어도 선거 때마다 각 정당을 지지하는 '영 데모크라트', '영 리퍼블리컨'이 자유롭게 만들어지고 지도 교사도 함께하며 학내에서 다양한 활동을 하는 곳도 미국이다. 상상하기 어려운 일 같지만 실제로 그렇다. 학생들을 정치에 관여하게 해도 될까? 그렇게 하면 정치 갈등이 심해지지 않을까? 그렇지 않다. 정당이 학교와 노조, 가족으로 깊이 내려갈수록 시민들은 넓은 세계를 이루게 되고 그들의 세계 안에서 공통의 정치적 가치를 덜 갈등적으로 다루게 되기 때문이다.

비슷한 정치적 의견을 가진 사람들끼리 어울리는 세계, 정당들이 시민을 대신해 열심히 싸워 주는 정치가 될 때 민주주의도 안정된다. 그럴 때만이 사적 영역의 이슈들이 평화적으로 공적 영역과 접합되고, 그들 사이의 차이가 더 넓은 정치적 가치와 비전 아래에서 통합될 수 있다.

정치적 견해를 달리하는 사람들이 어울릴 수밖에 없기에 정치 이야기가 나올 때마다 목소리가 커지거나, 아예 그럴 일이 없도록 모임을 시작할 때마다 "정치 이야기는 절대 안 돼."를 외치는 우리 현실을 생각해 보라. 우리의 경우 많은 사람들이 정치와 정당을 부정하지만 정치 갈등의 격렬함은 세계에서 가장 높다. 삶의 평화를 위해서라도 정당들이 지금보다 더 사회생활과 생활 세계 안으로 깊이 들어와야 하는 것이 한국의 현실이다.

물론 정당이 발전되어 있다 해도 사회 갈등을 공적 영역으로 전환하는 일은 쉽지 않다. 어느 사회든 상층계급은 이를 막으려 하고, 그래서 공적 영역 및 정치·정당에 대한 부정적 편견을 동원하는 데 열심이기 때문이다. 저자가 강조하듯, "정치·정치인·정당을 공격하고 비당파성에 찬사를 보내는 것은 갈등의 규모를 통제하려는" 이들의 대표적인 전략이다.

샤츠슈나이더의 이 책이 민주주의를 높이 평가하는 이유는 소박하다. "사회 하층의 요구와 경험을 이해하고 통합하는 일을 다른 어떤 통치 체제보다도 잘할 수 있다는 것"이다. 민주주의가 그런 가치를 실현하려면 어떤 조건이 필요한가? 평소 "민주주의를 만든 것은 정당이며, 정당 없는 민주주의는 생각할 수도 없다."라고 말해 온 저자는 정당이야말로 "다수의 동원에 적합한 특수한 형태의 정치조직", 갈등에 우선순위를 부여하고 위계화해 가장 큰 규모의 대중을 동원함으로써 "선거에서 승리할 수 있는 유일한 조직"이라고 말한다.

정당을 통해 갈등의 수를 줄이되 갈등의 규모는 사회화해서, 가장 바람직한 공익이 무엇인지를 정당들이 서로 달리 대표하게 하고, 그렇게 형성된 두 개 내지 세 개 정도의 공익적 대안이 선거에서 경합하게 하는 것, 그것이 좋은 민주주의의 조건이라는 말이다.

그렇지 않고 정당이 공직자를 선출하는 데 머무를 뿐 대안을 조직하고 정치가 무엇을 둘러싼 것인가를 결정할 힘을 발휘하지 못하게 된다면 "시민은 온전한 주권자가 아니라 절반의 주권자일 수밖

에 없다." 그 경우 이들은 정치를 버리고 기권을 선택함으로써 주권

자임을 포기한다. 기권은 바로 이들이 원하는 선택지와 정당 대안

이 억압되어 있음을 의미하기 때문이다.

선거에서 투표율이 낮은 것의 "책임을 시민의 무지·무관심·무

기력 탓으로 돌리는 것은 공동체 내의 좀 더 부유한 계층이 보여 주

는 매우 전형적인 행태이다. 이는 어떤 정치체제에서나 늘 하층계

급의 배제를 정당화하기 위해 사용되어 왔던 논리"라는 게 그의 일

관된 주장이다. 좋은 정치, 좋은 정당이 기능하는 민주주의가 아니

라면, 시민 주권은 억압되어 있는 것이나 다름없고 그 경우 시민으

로서의 제 역할은 발휘될 수 없기 때문이다.

샤츠슈나이더는 자신의 학문 활동을 회고하며 이렇게 말한 적

이 있다. "내가 나의 학문 분야에서 했던 가장 중요한 일을 꼽으라

고 한다면, 그것은 현재 활동하고 있는 그 누구보다도 더 오랫동안

더 열심히 더 일관되게 더 열정적으로 정당에 대해 말해 왔다는 사

실이라고 생각한다." 정말 그는 그런 정치학자였다.

7
보통 사람들을 위한 민주주의

앞서 말한 대로 이 책의 미덕은 보통 사람을 위한 민주주의론을 구

축하고 있다는 점인데, 흥미로운 것은 그가 직접민주주의론을 보통

사람을 위한 민주주의에 반하는 것으로 보고 있다는 점이다. 그것

은 시민이 통치자가 될 수 있느냐 없느냐 하는 잘못된 질문에 매달리게 함으로써, 대의민주주의에서 어떻게 시민 주권을 실현할 수 있는가 하는 문제를 생각하지 못하게 만들기 때문이다.

그에 따르면 기존의 직접민주주의 이론은 '인민'이라고 불리는 보통의 시민을 민주주의의 보루로 이상화해 놓고는 정작 현실에서 민주주의가 생각대로 되지 않으면 그 책임을 모두 이들에게 떠넘기는 일을 반복하게 만든다. 그래서 그는 지식인들이 정치적 사안에 따라 '위대한 시민'을 칭송하는 일과 '욕망에 빠진 시민'을 탓하는 일을 번갈아 하는 것을 못 견뎌 했다.

"시민을 위해 민주주의가 만들어졌지, 민주주의를 위해 시민이 만들어진 것은 아니다."라고 쏘아붙이면서 그는 이렇게 말한다. "민주주의는 평범한 사람들을 위한 것이다. 학자연하는 이들이 시민의 자격을 인정하든 말든 상관없이, 그것은 평범한 사람들의 요구에 민감하게 반응하도록 고안된 정치체제다."

그러면서 시민들이 민주주의를 실천할 능력이 있는가를 의심하는 지식인들을 향해, "텔레비전을 구입하기 위해 텔레비전의 제조 방법을 배울 필요가 없"듯이, 또한 시민 모두가 아리스토텔레스가 될 필요가 없듯이, 우리가 해야 하는 일은 "대중 권력의 한계를 감안하면서도 그것을 가장 잘 활용할 수 있도록 정치체제를 조직하는 방법"을 연구하는 데 있다는 점을 강조하고 또 강조했다.

그것은 "민주주의에서 시민의 권력은 유권자들이 만들어 내는 결정의 수가 아니라 그 중요성에 달려" 있도록 정치를 재조직하는 일, 즉 시민이 적극적으로 선택할 수 있는 정당 대안이 있는 정치체제를 어떻게 만들 것이냐 하는 문제로 집약된다. 자신의 정당 대안을 갖는 시민만이 주권자로서 권능을 발휘할 수 있기 때문이다.

도덕적인 인간을 민주주의의 전제로 보거나, 민주주의를 이상적인 규범적 질서로 이해하는 접근과는 달리, 이 책은 민주주의를 '갈등에 기반을 둔' 혹은 '갈등을 둘러싼, 갈등의 체제'로 이해한다. 중요한 것은 이런 현실 속에서 어떻게 공동체적 합의를 이끌어 낼 수 있는가에 있는 것이지, 서로 나뉘어 다툰다는 이유로 갈등을 부정하고 혐오하게 만드는 것이 아니라는 말이다. "민주주의란 스스로가 옳다고 확신하지 못하는 사람들을 위한 정치체제"라는 정의는 그가 얼마나 정치를 인간적이고 현실적으로 이해하고 있는지를 잘 보여 준다.

8

문제는 시민이 아니라 정치가

잠시 우리 현실에서 문제를 생각해 보자. 누군가 필자에게 왜 민주주의라는 가치 내지 이념을 좋아하는지를 묻는다면, 무엇보다도 그것이 평등의 원리에 기초를 두고 있기 때문이라고 말하고 싶다. 평등의 원리가 아니라면 민주주의를 '평범한 보통 사람들의 권능에 공동체의 운명을 맡길 수 있는 정치체제'라고 정의하는 일은 불가능할 것이다.

또 '평범한 보통의 사람들이 비범한 일을 해내는' 민주적 성취에도 경탄하기 어려울 것이다. 시민으로서의 권리를 부여함에 있어서 재산·교육·태생·신념 등과 같은 자격 조건을 따지지 않는 정치체제는 민주주의가 유일하며, 공적 이슈를 둘러싼 논의와 결정 과정에서 일정 연령 이상의 구성원 모두 평등한 권리를 향유할 수 있는 사회에 대한 상상은 오로지 민주주의에서만 가능하다.

그러나 이런 생각이 그리 넓게 받아들여지는 것은 아니다. 정치학에서는 더하다. 오히려 민주주의의 최대 약점을 평등에서 찾는 이론이나 주장이 훨씬 더 많다. 정치철학의 시조라고 할 수 있는 플라톤은 평등한 정치 참여의 권리를 갖게 된 보통의 시민들은 쉽게 우중愚衆으로 변질된다고 보았고, 그래서 그는 교육받은 엘리트들에 의해 계도되는 정치를 바랐다.

현대 민주주의에 대한 가장 위대한 관찰자로 알려진 토크빌 역시, 평등해지고 유사해진 보통의 사람들은 사사로운 욕망과 즐거움의 추구에 의해 압도되는 경향이 있는바, "결국은 정부라는 목자 아래 소심하고 부지런한 한 떼의 가축과 같은 국민이 된다."라고 보았다. 평등화가 인간의 자유의지를 약화시킨다거나, 자유와 평등을 서로 대립적인 가치로 당연시하는 주장이 근거 없이 통용되

알렉시 드 토크빌(1805~59년)

는 곳도 정치학이다.

　민주화 이후 우리 사회에서도 유사한 논리가 만연했는데, 흥미로운 것은 진보를 앞세우는 사람들 사이에서도 별반 다르지 않다는 사실이다. 2007년 대선에서 이명박 후보가 승리한 원인을 '대중의 보수화' 내지 뉴타운 개발과 같은 '대중의 욕망' 때문으로 설명하는 것이 한 사례라면, 한나라당이 압승했던 2008년 총선 결과를 서민 대중의 '계급 배반 투표' 때문으로 보았던 설명은 또 다른 사례라 할 수 있다. 민주주의가 각성된 시민, '깨어 있는 시민'과 같은 자격 조건을 필요로 한다거나, 일반 시민들이 '조·중·동 프레임에 포획'되어 있어서 문제라는 주장도 다르지 않다.

　나아가 젊은 세대를 향해 유리한 취업 조건에만 신경 쓰고 사회 정의에 관심이 없으니 '세상이 이 모양'으로 되었다고 질타하거나, 서민들이 먹고사는 데에만 급급하고 공적 문제에 참여하지 않아 이명박 정부가 전횡을 일삼게 되었다는 주장에 이르게 되면 이들의 생각이 정말 민주적인지에 대해 깊은 회의가 들기도 한다.

　필자가 보기에, 대한민국 민주주의의 역사에서 우리 사회 서민들과 젊은 세대들은 시민으로서의 제 역할을 다했다. 표를 던졌고 재정적 후원도 했으며 촛불도 들었다. 그런 그들의 자유의지를 위축시킨 것은 불평등이 급격히 심화되었기 때문이지 시민 의식이 부족해서가 아니다. 그들이 현실의 불평등에 힘들어하고 민주주의와 진보를 주장했던 세력들에게 실망을 표현하고 있을 때, 그들을 향해 민주주의의 종말이 오고 있는데 헛된 욕망이나 추구한다며 화를 내고 깨어나라며 훈계하고 야단칠 수 있는 특권을 누가 가질 수 있을까.

김대중·노무현 정부에서 큰 영향력을 행사했던 운동권 엘리트들이 '시민이여, 깨어나라'를 외치는 시국 토론회에 갔다 온 나의 친구는, 토론회가 어땠느냐고 묻는 나에게 "보수적 기득 엘리트와는 다른 종류의 새로운 기득 세력의 출현을 보는 것 같았다."라고 말해 깜짝 놀랐는데, 그렇다고 그의 말을 부정하지는 못했다. 문제는 깨어나지 못한 시민이 아니라 이들의 신뢰를 얻지 못하는 정치 세력에 있다는 생각은 왜 어려운 것일까. '대안의 조직자'로서 역할을 해야 할 정당들의 무능력이 아니라, 시민들에게 책임을 전가하는 알리바이 담론은 언제쯤 사라지게 될까.

9
강의를 마치며

오늘의 강의를 마칠 때가 되었다. 다음 내용은 샤츠슈나이더 책에서 뽑을 수 있는 주요 인용문이다. 다시 읽으면 처음과는 달리 훨씬 익숙하게 다가오지 않을까 한다. 다음의 인용문이 자연스럽게 이해될 때 민주주의는 놀라운 정치적 가능성으로 다가올 것이라 믿는다.

"정치의 핵심은 대중이 갈등의 확산에 참여하는 방식과, 대중과 갈등 간의 유동적인 관계를 관리하는 과정으로 구성되어 있다. …… 갈등의 당사자들은 자신들의 싸움에 구경꾼을 끌어들이거나 배제하는 데 성공하느냐에 따라 승자가 되기도 하고 패자가 되기도 한다. …… 갈등의 범위와 관련된 모든 변화는 편향성을 갖고 있다. 그리고 그것은 본질적으로 파당적인 성격을 갖는다. …… 정치에서 이야기되는 언술이 어떠하든, 우리는 갈등의 규모를 관리하는 것이 정치 전략의 최고 수단임을 인정하지 않을 수 없다.”

“정당은 자신보다 작은 조직이 갖고 있는 많은 특질을 갖고 있지 못하지만 그들 나름의 압도적인 자산 한 가지를 보유하고 있다. 그것은 그들이 선거에서 승리할 수 있는 유일한 조직이라는 것이다. …… 이 체제에서 군중을 이루는 각각의 사람들이 자기 자리를 찾아갈 수 있는 이유는 그들에게 주어진 대안이 제한되어 있기 때문이다. 정당은 유권자들이 선택할 수 있는 대안을 극단적으로 단순화하는 방식을 통해 이들을 조직한다.”

“갈등의 수를 줄이는 일은 정치가 수행하는 핵심적인 기능이다. 정치는 갈등들 간의 지배와 종속을 다룬다. 민주주의 사회가 존속할 수 있는 이유는 수많은 잠재된 갈등들에 대해 우선순위를 부여하는 방식으로 갈등을 관리하기 때문이다. …… 대안을 정의하는 것이야말로 최고의 권력 수단이다. …… 정치가 무엇에 관한 것이냐를 결정하는 사람이 나라를 운영한다. …… 모든 형태의 정치조직은 특정 종류의 갈등은 이용하면서도 다른 종류의 갈등은 억압하는 편향성을 갖고 있다. 왜냐하면 조직은 편향성의 동원을 통해 형성되기 때문이다."

"책임을 시민의 무지·무관심·무기력 탓으로 돌리는 것은 공동체 내의 좀 더 부유한 계층이 보여 주는 매우 전형적인 행태이다. 이는 어떤 정치체제에서나 늘 하층계급의 배제를 정당화하기 위해 사용되어 왔던 논리다. …… 기권은 투표 불참자들의 요구를 반영한 선택지와 대안이 억압되어 있음을 의미한다. …… 투표는 고립된 사회현상이 아니다. 그것은 사람들의 사회적 조건의 한 부분이다. …… 민주주의가 갖는 위대한 장점 가운데 하나는, 사회 하층의 요구와 경험을 이해하고 통합하는 일을 다른 어떤 통치 체제보다도 잘할 수 있다는 것이다."

"사람들이 정부의 가치를 높게 평가하는 이유는 정부가 전지전능하기 때문이 아니라 이 세계가 살아가기에 위험한 장소이기 때문이다. …… 사적 영역과 공적 영역 간의 가장 중요한 차이는, 사적 갈등에서는 강자들이 승리하는 반면 공적 영역에서는 약자들이 자기방어를 위해 세력을 규합한다는 것이다."

"시민에 의한 통치라는 고전적 민주주의의 정의는 민주주의 이전 시대에 기원을 두고 있으며, 현실에서 작동하는 민주주의

체제를 볼 수 없었던 철학자들이 개발한 민주주의 개념에 바탕을 두고 있다. …… 우리에게 필요한 것은 현실에서 작동하는 정치체제의 양상을 설명할 수 있는 민주주의에 대한 현대적 정의, 바꿔 말해 현재의 정치 상황에 내재되어 있는 민주적 요소와 반민주적 요소들을 구별할 수 있는 정의다. …… 현대 민주주의에서 대중은 어떤 역할을 수행하는가? 대중은 무엇을 알아야 하는가? …… 교과서적인 민주주의 정의는 일반인들이 상원의원과 비슷한 방식으로 정치를 생각한다고 상정한다. …… 대중은 이론가들이 자신들에게 부과한 터무니없는 역할을 수행하고자 노력할 만큼 그렇게 분별력 없는 사람들이 아니다. 우리는 이들 대중의 태도를 무시하곤 했다. 물론 그 이유는 우리가 민주주의에 대한 망상에 사로잡혀 있었기 때문이다. …… 시민을 위해 민주주의가 만들어졌지, 민주주의를 위해 시민이 만들어진 것은 아니다. 민주주의는 평범한 사람들을 위한 것이다. 학자연하는 이들이 시민의 자격을 인정하든 말든 상관없이, 그것은 평범한 사람들의 요구에 민감하게 반응하도록 고안된 정치체제이다. …… 사람들이 현대 세계에서 살아남을 수 있는 이유는 그들이 꼭 알아야 하는 것과 알 필요가 없는 것을 구별하는 법을 배웠기 때문이다. …… 문제는 어떻게 [당시 미국의 인구 규모인] 1억8천만 명의 아리스토텔레스들로 이루어진 민주주의를 운영할 수 있느냐가 아니라, 1억8천만 명의 보통 사람들로 구성된 정치 공동체를 어떻게 조직해야 이 공동체가 보통 사람들의 요구에 응답할 수 있느냐 하는 것이다. …… 민주주의 이론에서 현명한 출발은 보통 시민이 할 수 있는 것과 할 수 없는 것을 구분하는 데 있다. …… 우리가 말하고자 하는 바는, 민주주의 정치의 핵심은 갈등·경쟁·리더십·조직 이외 다른 것이 아니라는 것이다. …… 문제는 대중 권력의 한계를 감안하면서도 그것을 가장 잘 활용할 수 있도록 정치체제를 조직하는 방법이다. …… 민주주의에서 시민의 권력은 유권자들이 만들어 내는 결정의 중요성에 달려 있지, 그들이 행하는 결정의 수에 달려 있는 것이 아니다. …… 민주주의는 경쟁하는 정치조직들과 지도자들이 만들어 낸 대안들 가운데 어느 하나를 보통의 시민이 선택하는 정치체제이다.”

......

수강자들은 민주주의를 이해하는 것이 아직도 벅찬 일 같다는 이야기를 했다. 강의를 더 잘할 수는 없었나 하는 부끄러운 생각이 들었다. 지금도 여전히 민주주의를 설명할 때마다 늘 어려움을 겪는다. 그러나 언제나 민주주의에 대한 이해의 출발은 우리가 실제로 경험하고 실천하고 있는 것에서 시작해야 한다는 생각에는 변함이 없다. 신화로서의 민주주의에 자신을 결박하는 일은 없어야 한다고 보기 때문이다. '민주주의를 이해하기 위한 민주화 투쟁'은 나 스스로에 대해서도 계속해야 한다는 생각을 했다.

과거의 경험으로부터
배울 것들

역사는 하소연하는 이들의 턱뼈가 떨어져 먼지가 될 즈음에야 판결을 내렸다. …… '인류'라는 추상물 속에서 말한다면 그건[혁명은] 명백히 정당했다. 그러나 '인간' 개인에 적용한다면, 그래서 뼈와 살과 피와 살가죽을 가진 실재적 인간 존재인 '2-4[나라는 구체적 존재]'에 적용한다면, 그것은 정당하지 않았다.

—아서 쾨슬러, 『한낮의 어둠』에서

1

실패로부터 배운다

오늘 강의는 민주정치에 참여했던 진보파들의 경험에 대해 살펴본다. 민주정치와 진보의 만남이 좋은 성과를 많이 냈으면 이 주제를 좀 더 밝게 이야기할 수 있겠지만, 사실은 그렇지 못했다. 많은 사람들이 부러워하는 서구 진보 정당들의 정치적 성과는 모두 그런 시행착오를 딛고 성취한 것들이다. 우리 사회의 진보 정치 역시 민주정치와의 첫 대면은 그리 좋지 못했다. 어차피 겪을 시행착오나 치러야 할 학습의 비용이 있다면 하루라도 빨리 해결해야 할 것이다. 그런 생각으로 오늘 이야기를 시작할까 한다.

진보파들의 정치적 경험, 특히 민주주의하에서 정당정치의 경험을 다룬 책은 많지 않다. 있다 하더라도 급진주의 내지 마르크스주의적 관점에서 제도권 정당정치의 경험을 폄하하거나 조롱하는 내용이 많다. 학술 연구의 성과물들은 읽기가 어렵고 실천적으로 큰 도움이 되는 것도 아니다.

이와 관련해 『정치가 우선한다 : 사회민주주의와 20세기 유럽의 형성』이라는 책은 매우 쓸모가 있다. 19세기 말 이후 유럽 진보 정당들의 내부 논쟁과 역사를 다루면서 사회민주주의 정치가 어떻게 발전하고 자리 잡게 되었는지를 잘 설명해 주고 있기 때문이다. 책을 읽은 많은 사람들이 이렇게 말했다. "민주화 이후 우리 사회의 진보 정치가 겪은 진통이 우리만의 특수한 문제가 아니었음을 알게 되었다. 서유럽 좌파가 1백 년 전에 경험한 것을 지금 우리가 형태만 달리해서 반복하고 있다."라고 말이다.

오늘 강의는 이 책을 소재로 이야기해 볼까 하는데, 이 책을 꼭 사회민주주의를 위한 책으로 읽을 필요는 없다고 본다. 그보다는 민주주의의 초기 형성기에서 진보 정치는 어떤 경험을 했는지, 그것으로부터 얻을 수 있는 교훈은 무엇인지를 중심으로 독해하는 것이 훨씬 유익할 것이다. 민주정치를 수용한다고 할 때 피할 수 없게 되는 도전에 대해서도 깊이 생각해 볼 기회를 가질 수 있다.

2
정치에 반하는 혁명적 대기론

19세기 초기 자본주의가 가져온 불평등과 사회 해체에 대한 가장 강력한 도전은 마르크스주의에서 왔다. 그 결과 유럽 여러 나라에서 마르크스주의 정당들은 중요한 정치 행위자로 급성장하게 되었다. 그러나 그들은 정치적 목표를 성취하기 위해 권력을 어떻게 사용해야 하는가에 대해 혼란에 혼란을 거듭했다.

정통 마르크스주의가 제공해 줄

수 있는 적극적인 정치 전략은 그 어떤 것도 없었다. 당시 그들에게 는 정치보다 혁명이 중요했다. 마르크스주의자들의 혁명은 유물사 관에 의해 필연적으로 도래할 어떤 것이었고 그것을 가능케 하는 추동력은 거리와 공장에서의 계급투쟁으로 이해되었다. 대중의 경 제적인 고통은 자본주의에 대한 불만을 극대화하고 자본주의를 전 복하고자 하는 혁명의 열정을 강화시켜 주는 것으로 이해되었다. 레닌이 말했듯이, 상황이 나쁠수록 혁명을 앞당기기에 유리하다는 식이었다.

당연히 그들은 현실의 민주정치가 가져다준 기회를 활용하는 것에 대해서 부정적으로 생각했다. 현실의 민주주의는 '부르주아 민주주의', '형식적 민주주의'로 폄하되었다. 정부에 참여할 기회는 거부되었고, 다른 정파와의 협력도 비난받았다. 특히 타 정파와의 협력이나 타협을 주장하는 것은 계급투쟁의 열정을 분산시킨다는 이유로 공격받았다.

프랑스의 정통 마르크스주의자들의 지도자이자 마르크스의 사 위였던 폴 라파르그는 이렇게 말했다.

"역사의 경로와 진보의 노선은 그 최초의 출발점으로부터 사 회주의의 그날이 오기 직전까지 오직 물질적 진화에 의해서만 결정된다. 경제적 변화와 그에 따른 사회적 투쟁에 의해서만 말 이다."

그러면서 부르주아 공화파 세력들의 협력 요청을 거부했고, 공화파 정부가 들어서 사회주의자를 내각에 참여시키려 한 제안에 대해 맹렬히 반대했다. 라파르그는 "부르주아 공화국의 질서는 존재할 수 있는 체제 가운데 가장 부패하고 부정직한 것"이라고 비난했다. 집권한 공화파가 개혁을 도와 달라고 요청했을 때, 또 다른 지도자인 쥘 게드는 "개혁을 배가하려는 노력은 오직 협잡만을 배가할 뿐"이라고 말했다.

결국 파국을 기다리는 것만이 그들이 할 수 있는 선택 아닌 선택으로 남았다. "파국이 임박해 있다."는 것은 그들이 늘 하던 레퍼토리였고, 그러니 고통을 잠시만 감내하라는 말이 그들이 대중에게 줄 수 있는 위안이었다. 결국 그들은 온갖 언어로 민주정치를 조롱하면서 자신들은 사회주의를 향해 언젠가 화려하게 불타오를 '거대한 정치적 소수'로 남고자 했다. 그러면서 쥘 게드는 1900년쯤 되면 자본주의는 이미 망해 있을 것이라고 예측했는데, 그로부터 1백 년이 더 지난 지금도 그들이 말하는 혁명적 파국은 곧 올 것 같지가 않다.

아무튼 이들이 버린 정치의 공간을 장악한 것은 이탈리아에서는 파시즘, 독일에서는 민족사회주의(나치즘)였다. 이런 반민주적 혁명론의 길을 열었던 사람은 조르주 소렐이었는데, 그는 이렇게 마르크스주의자들을 조롱했다.

"정통 마르크스주의자들은 그들의 이론에 대한 넘치는 자신감 덕분에 마음의 평온함을 얻었다. 마르크스주의자들 사이에는 사회적 진화가 모든 인간적 노력과는 무관하게 독립적으로 전개되는 자연적 과정과 같다는 의견이 널리 존재하는데, 그 앞에서 개인들은 충분히 무르익은 과일을 수확할 수 있을 때까지 팔짱을 끼고 기다리는 것 외에는 아무것도 할 수 없다는 것이다. …… 마르크스가 경제와 자연의 유사성을 표현하기 위해 사용한 말들은 숙명론적 환상을 만들어 내는 데 상당히 기여했다. 무엇보다도 '필연'이라는 용어를 사용해서 말이다."

정치적 조롱도 이렇게 멋지게 표현할 수 있다면, 그것도 참 대단한 실력이라는 생각이 들 정도다.

3

정치적 소극성의 대가

다음은 1932년에 있었던 누군가의 연설 내용이다. 이 연설을 누가 했을까?

"이 거대한 반자본주의적 열망은 흥미롭고도 귀중한 것입니다. …… 그것은 타락한 경제 이론에 대한 민족 내 생산자 집단들의 항의라고 할 수 있습니다. …… 그것은 국가가 황금의 악마, 세계경제, 유물론과 결별하고, 정직한 노동이 정직한 보상을 받는 사회를 재확립하도록 요구합니다. 이 거대한 반자본주의적 열망은 우리가 위대하고 비범한 새 시대의 문턱에 와있다는 증거입니다. 즉 자유주의가 극복되고 새로운 종류의 경제적 사상과 국가에 대한 새로운 태도가 출현하는 시대 말입니다. [현재의 실업 위기, 그리고 일자리 창출의 문제와 관련하에 국가는 절대 다음과 같이 물어서는 안 됩니다. '그것에 필요한 돈이 있는가?' 오직 다음과 같은 단 하나의 질문만이 가능합니다. '돈을 어떻게 사용할 것인가?' 일자리 창출을 위한 돈은 언제나 존재합니다. 그리고 최후의 수단으로서 생산적 신용창조(즉 적자 지출) 또한 사용할 수 있으며, 이는 경제적으로 완전히 정당한 것입니다. 따라서 일자리 창출과 관련해 우리는 다음과 같이 물어야 합니다. '어디서부터 시작할 것인가?'"

이 연설의 주인공을 여러분은 누구라고 생각하는가? 좌파 진영에 속한 누군가의 연설이라고 생각했다면, 틀렸다. 이 연설의 주인공은 당시 나치의 대표적인 지도자 가운데 하나인 그레고어 슈트라서였다. 한마디로 말해 나치주의자의 연설이었다고 할 수 있는데, 내용이 옳은가 그른가를 떠나 중요한 것은 적어도 그들은 정치와 국가에 대해 적극적인

전간기 나치당의 선거 포스터

태도를 가졌다는 사실이다. 당시 사민당의 지도자 가운데 한 사람이 이 연설을 듣고 "이 연설은 우리 가운데 누군가가 했어야만 했다."라고 말했을 정도였다.

물론 사민당 내에서도 정치에 적극적으로 개입할 것을 주장하는 사람들이 있었다. 그들은 "정치적 책임감을 받아들이는 것을 겁내지 말자."라고 주장했다. 그러면서 "(사민당에게는) 모든 기회를 활용해야 할 의무가 있습니다. 하지만 우리는 다수파가 아니기 때문에 그 모든 것을 우리 마음대로 할 수는 없습니다. 따라서 타협의 정치를 추구해야만 하고, 당은 타협할 준비가 되어 있어야 합니다. 그래야만 노동자들을 위해 무언가를 성취할 수 있기 때문입니다. 이것이 정치의 본질입니다."라고 말했다.

하지만 그런 주장들은 모두 마르크스주의의 교리에 맞지 않는다는 이유, 혁명에 대한 열정과 계급투쟁의 의지를 약화시킨다는 이유, 부르주아 정치 세력을 도와준다는 이유 등으로 거부되었다. 결국 이들은 정부에 참여할 기회를 차버렸고, 타 정파로부터의 협력 제안을 거부했다. 결과는 어떻게 되었을까? 앞서도 지적했듯이 진보 세력이 소극적으로 방치한 정치의 공간은 적극적 정치 참여를 주장했던 극우파 세력

전간기 유럽 좌파 정당들의 선거 포스터

들의 차지가 되었다.

한때 사회주의자였던 무솔리니는 "사회주의자들의 무능함과 나약함"을 경멸하면서 이렇게 말했다. "(사회주의자들의 무기력함을 적나라하게 드러낸) 이런 상황은 그들에 대한 우리의 복수다. 그리고 그 기회는 우리가 바랐던 것보다 더 빨리 찾아왔다."라고. 전간기 유럽 진보파의 정치적 소극성은 결국 반민주적 혁명 세력들의 집권으로 이어진 것이다.

4
생각해 볼 문제들

정치에서의 소극성이 범죄에 가까운 결과를 낳을 수 있다는 사실을 이 책만큼 잘 보여 주는 것도 드물다. 진보파들이 반체제적이고 혁명적인 담론 안에서 자족하는 현상은 흔한 일이다. 문제는 그것이 정치적 소극성을 정당화하는 알리바이가 될 때가 많다는 것이다.

민주주의가 아니라면 몰라도 일단 민주화가 되었고 또 민주정치에 참여하겠다고 하면 진보의 이론은 정치적 실천의 적극성을 가능하게 해야 하고 그 길을 열어 줘야 한다. 반대를 하는 것도, 기권을 하는 것도, 연합을 하는 것도 적극적 실천을 위한 선택이어야 하지 그 자체로 끝나면 안 된다. 타협해서는 안 된다며 독자성을 고수하기는 쉽다. 하지만 그런 선택이 정치의 세계에서 주변적인 지위를 고착시키는 기능을 할 때가 많다는 것을 꼭 생각해야 한다.

진보파들은 마르크스주의를 지나치게 신봉하는 경우가 많다. 나는 어떤 이론도 인간과 사회의 극히 일부만을 설명할 뿐이라고 생각한다. 따라서 마르크스주의의 유효성을 과도하게 고집해서는 안 된다고 본다. 물론 사태의 구조나 성격을 이해하는 데 있어서 마르크스주의는 도움이 될 때가 많다. 학술 연구나 문화 비평 등의 영역에서 마르크스주의의 이론이나 개념을 적용하는 것은 좋고, 비판 이론으로서 마르크스주의는 여전히 강력하다고도 생각한다.

　그러나 정치의 세계는 다르다. 적어도 이 영역에서 마르크스주의는 큰 도움이 되지 못한다는 사실을 꼭 생각해야 한다. 무엇보다도 마르크스주의는 정치를 경제 혹은 물적 구조에 의해 규정되는 2차적 현상 혹은 종속적 현상으로 보게 만들기 쉬우며, 궁극적으로는 '정치의 종식'을 지향하는 이론이기 때문이다. 이 점에서 마르크스주의는, 자유주의와 유사한 '경제 중심주의'의 특징을 갖는다.

　어떤 경우든 지나친 경제 중심주의는 곤란하다. 경제는 인간 공동체의 물질적 필요를 충족시켜 주는 하위 체제subsystem로 이해되어야 한다. 그렇기에 경제 역시 인간 공동체의 통합과 연대에 기여하는 부분 체제partial regime로서의 역할을 해야 한다. 그렇지 않고 경제가 체제 전체를 지배하게 하거나 공동체의 미래를 결정하게 하는 논리나 이론은 모두 좋지 않다.

　민주주의하에서 인간 공동체의 통합과 연대를 책임지는 것은 정치의 역할이다. 체제 전체를 이끌어 가는 것은 '여러 정당들이 공익의 내용을 두고 경합하는 정치의 영역'이 감당해야 할 역할이다.

그것이 민주주의의 기본 철학이다. 불행하게도 마르크스주의는 정치와 민주주의에 그런 역할을 부여하지 않았다.

『철학의 빈곤』에서 마르크스는 이렇게 말했다. "노동계급은 그 발전 과정에서 낡은 시민사회를 계급과 계급 적대를 배제하는 결사체로 대체할 것이다. 그리고 이른바 정치권력은 더 이상 존재하지 않게 될 것이다. 정치권력이란 시민사회 내에 존재하는 적대와 반목의 공식적 표현이기 때문이다." 『공산당 선언』에는 이런 표현이 나온다. "발전 과정에서 계급 구분이 사라지고 또한 전체 국민으로 구성된 거대한 결사체의 손에 모든 생산이 집중될 때, 공적 권력은 그 정치적 성격을 상실할 것이다."

어떤 경우든 정치는 독자적 역할이 없거니와 경제의 발전 법칙 내지 계급투쟁의 결과 사회적인 문제가 해결됨에 따라 사라질 것으로 본다. 이에 대해 『민주주의의 모델들』이라는 책을 쓴 데이비드 헬드의 다음과 같은 지적은 적절하다. "마르크스주의는 모든 정치적 갈등, 모든 경제적 문제, 모든 사회적 모순, 모든 부적절하고 이기적인 또는 단순한 인간적인 감정이나 동기, 모든 특이성, 모든 부정성 등이 존재하지 않는 그런 상황을 요구한다. 간단히 말해 그것은 정치의 부재를 …… 요구한다."

이처럼 마르크스주의가 갖고 있는 이른바 정치 부재론 내지 정치 종언론

은 정치를 부정적인 것으로 만들기 쉽다. 오로지 혁명이 중요하고 혁명 이후에는 하나의 진정한 정치형태만이 존재할 수 있다는 것인데, 사실 그것만큼 위험한 생각은 없다. 정치는 인간이 천사가 되지 않는 한 언제나 꼭 있어야 하는 불가피한 것이며, 우리가 할 수 있는 길은 정치를 선용하는 방법을 찾는 데 있지 정치 없는 세상을 추구하는 것이 아니다. 정치 없는 세상? 그건 너무나 끔찍한 일이다. 고결한 종교를 앞세운 교황의 지배, 인종적 순수성에 의존했던 나치즘의 지배, 역사의 발전 법칙을 알고 있다는 공산당의 지배가 가져온 재난적 결과를 누구도 부정할 수는 없을 것이다.

기본적으로 민주주의는 복수의 정치적 비전들이 존재하고 경합하는 조건 위에서만 성장한다. 하나의 진정한 민주주의, 하나의 진정한 정치? 근본적으로 그것은 민주주의가 아니다. 이견과 경쟁적 비전이 허용되지 않으면 안 된다. 하나의 정치만이 허용되는 체제에서는 전체주의 내지 권위주의적 정치형태로의 퇴행을 막을 방법이 없기 때문이다. 소련과 중국, 북한과 같은 일당 체제를 통해 우리가 보고 경험한 명백한 사실을 인정하길 꺼려해서는 안 될 것이다.

5

반민주적·반정치적 좌파도 위험하다

민주주의하에서는 진보든 사회주의든 그 자체로 절대선이 될 수 없다. 그런 가치가 중요하다고 생각한다면 정치 경쟁에 참여해 다수의 지지를 얻어야 한다. 애초부터 옳은 목표, 필연적인 경로 같은 것은 없다. 어떤 이념이든 다른 것들과 정치적으로 경쟁해야 하고, 승리했다고 해도 일정 집권 기간 동안만 공익을 대표할 뿐이다. 대통령이든 국회의원이든 모든 선출직 공직에 임기가 있는 것은 그 때문이다.

혁명론 혹은 혁명의 방법은 민주주의와 양립하기 어렵다는 생각을 해야 한다. 혁명은 새로운 발상이나 상상력을 필요로 하는 분야에서는 좋은 자극이 될 수 있을지 모른다. 하지만 혁명론을 갖고 정치적 실천을 하는 것은 곤란하다. 혁명론은 무엇보다도 종말론적 사고를 강화하기 쉽고, 실제 혁명에 성공한다 하더라도 그것이 갖는 반정치적인 사고 경향 때문에 혁명 이후를 전체주의 사회로 이끌기 쉽다.

혁명이 최고선이고 민주주의든 정치든 그것에 복무하는 것이어야 한다고 생각할 수는 없다. 이상 사회를 위한 혁명적 단절론을 앞세워 모든 것을 희생하고 삶의 모든 것을 걸라고 사람들을 미혹해서는 안 될 것이다. 인간의 평균적 한계 위에서 서로 협력하고 나날이 진보하는 것의 가치와 보람을 더 중시해야 한다.

진보가 싸워야 할 대상은 보수만이 아니다. 오히려 반민주적 좌파 내지 혁명적 좌파와의 싸움이 더 힘들고, 이 싸움에서 승리하지 못하면 민주주의하에서 진보는 성장·집권하기 어렵다. 반민주적 좌파는 기존의 정치체제, 현존하는 민주주의를 인정하지 않는다. 그들이 개혁이나 정치 참여를 받아들이는 경우는 혁명에 도움이 된다고 판단할 때, 즉 기존 체제의 한계를 보여 주기 위한 수단으로 활용하고자 할 때뿐이다.

반면 민주적 좌파는 노동자나 서민들의 삶의 조건을 개선하고자 하며, 따라서 정치 참여와 개혁, 타협을 끊임없이 모색한다. 반민주적 좌파는 인간을 신뢰하지 못하는데, 그래서 그들은 정부에 참여하면 타락하고 부패하고 권력을 탐닉할 것이라 여긴다. 현실의 민주주의가 타락과 부패의 가능성을 안고 있다 하더라도, 그 속에서 인간 정신이 빛날 수 있다는 생각을 그들은 하지 못한다.

그들은 인정하기 싫겠지만, 민주주의가 허용하는 것은 적극적 참여와 실천의 공간을 넓히는 것의 가치를 중시하는 가능주의possibilism, 나날이 성장하는 것의 가치를 중시하는 점진주의다. 가능주의와 점진주의는 소극적인 것이 아니다. 그것은 꾸준히 성과를 확대해 갈 수 있게 하고 또 오래갈 수 있는 정치적 실천을 이끈다. 설령 큰 변화가 필요하다 해도 점진적 실천의 누적 없이 어느 날 갑자기 이루어지는 일은 별로 없다.

민주정치란, 마르크스주의자들이 신조처럼 말하는 '역사 발전의 필연성'에 따르는 것이 아니다. 그처럼 주체적 실천과는 무관하게 외부의 힘에 식민화되는 것과는 근본적으로 다른 논리로 이루어진다. 민주정치는 인간 스스로의 주체적 노력과 실천을 통해 공간을 확장하는 '가능의 영역'에 초점을 둔다. 가능의 공간을 끊임없이, 꾸준히, 쉬지 않고 개척·확장·심화시키는 영원한 노력 속에서 진보의 가치 역시 빛난다는 생각을 해야 한다. 그게 민주주의다.

생각과는 달리 수강자들의 반응이 좋았다. 『정치가 우선한다』라는 책도 쉽게 이해했고, 그래서 재미있게 읽었다는 사람이 많았다. 마르크스주의자들이 정치의 세계에서 경험한 것에 대한 이야기라, 확실히 진보파들에게는 익숙했던 것 같다. 그러나 마르크스주의가 민주정치에 큰 도움이 되지 못한다는 내 주장에 대해서는 이견을 갖는 사람들이 더러 있었다. 개인적으로 나는, 비판 이론으로서 마르크스주의는 좋아하지만 실천 이론으로서 마르크스주의는 한계가 많다고 본다. 아무튼 마르크스주의와 민주정치의 관계는 앞으로도 더 깊이 논의되어야 할 것 같다는 생각이 들었다. 이에 대해서는 누군가 좋은 반론을 해줬으면 좋겠다.

6
민주주의 운동론에서 민주정치론으로

지금까지는 서유럽 좌파들의 경험을 갖고 이야기했는데, 이제부터는 우리 사회 진보파들의 지난 정치적 실천을 소재로 이야기를 해보자. 조금 아픈 이야기가 될지도 모르겠지만, 한번은 짚고 넘어갈 주제들이 아닌가 한다.

우리 사회 진보파들 가운데 적지 않은 사람들이 '운동 정치론', '사회운동적 진보 정당론'처럼, 운동이라는 글자가 들어가지 않으면 안 되는 듯한 강박관념을 갖고 정치를 했다. 과거 권위주의 시대의 운동론에 관성적으로 이끌려 민주주의 시대에 필요한 '민주 정치론'을 발전시키려는 노력을 게을리 했다고도 할 수 있다. 그러다 보니 대중 정치를 이해하고 적응하기보다는 기존에 자신들이 견지했던 이념과 운동의 언어로 현실을 재단하고 대중을 계도하려는 태도가 강했다. 권력과 권위, 갈등과 대립, 리더십과 통치의 기능을 부정하면서 일종의, 정치의 현실을 초월한 도덕적 운동론으로 정치 조직의 통합력을 약화시키는 데 기여하기도 했다.

민주정치를 이해하고 그것에 적응하는 문제는 지금까지도 그랬지만 앞으로도 진보 정당의 발전에서 매우 중대하고도 핵심적인 과제가 아닐 수 없다. 민주주의 시대에 진보 정당이 해야 할 역할은 정치의 방법으로 힘을 조직해 가난한 서민 대중의 삶을 좀 더 적극적으로 개선하는 것이라고 하겠다. 여기서 핵심은 '정치의 방법으로 힘을 조직한다는 것' 내지 이른바 '정치의 방법'에 대한 문제다. 정치의 방법을 탐구의 대상으로 삼는 정치학의 기본 전제는, 정치란 개인의 차원, 나아가 운동성 내지 도덕성의 차원으로 환원될 수 없는 독자적인 세계를 갖는다는 데 있다. 그러므로 '초심', '도덕성', '운동성'과 같은 도덕률이 진보의 세계를 지배하는 언어로 기능하고 있는 것은 안타까운 일이다. 이런 접근은 무엇보다도 정치를 현실적으로 이해하지 못하게 한다.

정치의 현실이 포착되지 않는 조건에서 정치의 방법으로 힘을 조직한다는 것은 애초부터 가능하지 않은 일이다. 도덕성은 개인의 자율적인 판단 영역에 있는 것이지 강제될 수 없는 것이다. 역설적인 일이지만, 도덕성이 정치적 행위를 규제하는 기준이 될수록 정치가 도덕적일 수 있는 기반은 파괴된다.

우리 사회에서처럼 도덕성이 강조되는 정치도 없지만 한국 정치가 도덕적인 것과는 거리가 먼 것은, 한국의 정치가가 부도덕하기 때문이 아니라 도덕성을 따지는 동안 실제 개선해야 할 정치의 현실을 놓쳐 버리고 결과적으로 부도덕한 정치 현실이 만들어지기 때문이다.

한국 정치에서 자주 사용되는 '의식 개혁' 내지 '의식화'라는 접근도 마찬가지다. 기실 사람의 의식과 내면세계를 뜯어고치자고 말하는 것 자체가 위험한 태도이지만, 개개인의 의식을 문제 삼는 동안 정작 문제가 되는 의식을 만들어 내는 정치적 조건은 건재하게 된다. 따라서 정치가는 교체되고 새로운 사람이 들어와도 유사한 의식과 관행이 반복되는 정치 구조는 변함이 없는 것이다.

정치의 체계와 구조를 좋게 만드는 것 없이 정치가들의 행위가 도덕적 기반을 갖게 되기를 기대하기는 어렵다. 이런 관점이 들어오지 않는 한, 운동권 출신과 진보적 인사들이 제아무리 많이 들어온다 해도 현실의 정치에서 달라질 것은 별로 없다.

7

진보 정치도 정치다

근대 정치학은 도덕주의와 단절하면서 출발했다. 달리 말하면, 가난한 대중의 운명을 정치가의 선의에만 의존하게 하는 것이 아니라, 정치가도 자신의 이익을 위해 일반 대중의 요구를 수용할 수밖에 없게 만드는 접근이라 하겠다. 아무리 선한 정치 엘리트나 그 어떤 민중적 교리를 갖는 정당이라 할지라도, 대중의 요구에 의해 제약되는 정치의 체계가 작동하지 않는다면, 그들의 도덕적 헌신은 무뎌지고 편협한 조직의 관점은 커질 수밖에 없다.

내가 운동권 내지 진보라 자처하는 사람들에게 갖는 가장 큰 불만은, 분명 그들 역시 정치를 하고 권력을 이용하며 개인과 집단의 이해관계를 위해 다투고 있는데도 늘 언어를 구사하는 데 있어서는 그런 사실을 인정하지 않는다는 것이다. 그러다 보니 스스로를 권력과 이해관계에 초연한 역사적 역할자로 정의하거나, 자신은 안 그런데 상대가 권력과 이해관계를 다툰다고 도덕적으로 비난하거나, 또 자신은 원치 않지만 상황이 어쩔 수 없어서 권력과 이해를 다투게 되었다는 식의 자기 위선과 변명의 문법이 일상화되었다.

진보 정치도 정치이고, 그렇기에 권력과 이해관계의 문제를 합리적으로 논의할 수 있는 언어를 가져야 할 것이다. 진보파의 언어가 정치 행위의 실제를 반영하지 못할 때, 대개 언어로 이루어지는 민주정치의 현실에서 다수의 신뢰를 조직해 내지 못하게 되는 것은 당연한 결과이기 때문이다.

정치의 현실을 다룰 언어가 없다면, 갈등을 합리적으로 다룰 수 없고, 기껏 누가 더 도덕적으로 규탄받아야 하는가를 따질 수밖에 없다. 그것이 낳는 부정적 효과는 말할 수 없이 크다. 진보 정치의 영역 내부에서 갈등과 균열이 생길 때마다 도덕주의적인 집단 선택이 강요되고 결과적으로는 스스로의 사회적 기반을 끊임없이 축소시키는 일이 왜 반복되었는가를 돌아볼 일이다. 이런 악순환을 끊고 정치의 언어, 정치의 방법을 익혀야만 변화는 가능하다.

8
정부, 정당, 당파성에 대한 현실적 이해

대규모 정치 공동체를 움직여야 하는 이상, 체계와 조직이 필요하고, 그만큼 기능과 역할에 따른 위계 구조를 갖지 않을 수 없다. 정부 역시 마찬가지다. 정부 없는 민주주의는 없으며, 본래 민주주의라는 개념 자체가 정부의 한 형태로 정의되고 개념화된 것이다. 물론 국가나 정부 없는 사회를 상상할 수는 있겠지만, 정확히 말해 그것은 민주주의를 넘어선 차원의 이슈이다.

불평등의 원리로 조직된 시장 메커니즘이 생산적 자원의 분배와 할당을 지배하는 현대자본주의 사회에서, 평등화의 가장 강력한 기제는 민주주의이고 그것을 실현하는 것은 정치적 평등의 원리에 따라 조직된 민주주의 정부라는 사실을 부정할 수는 없다. 따라서 정치와 정부에 대한 부정적 태도는 현실의 불평등 체제를 안정화시키는 데 기여하기 쉽다.

정당 혹은 당파성의 문제도 그렇다. 현대 민주주의는 선거를 제도적 채널로 하는 정치적 대표의 체제를 그 핵심으로 한다. 이는 불가피하게 정치를 직업으로 하는 엘리트들의 과두 체제 혹은 이들로 이루어진 정당들 간의 과두 체제를 발전시킨다. 그럼에도 불구하고 이를 민주주의의 현대적 유형이라 부르고, 나아가서는 여성과 노동자, 이주민을 시민에서 배제했던 고대 민주주의보다 더 민주적이라고 주장할 수 있는 것은, 사회 갈등의 정치적 대표와 경쟁의 원리가 보통 사람들로 하여금 정치 엘리트와 정부를 좀 더 효과적으로 통제할 수 있게 하기 때문이다.

이를 위해서는 정당으로 조직된 복수의 정치적 대안들이 존재해야 하고, 이들 사이의 실질적인 차이가 일종의 물리학적 효과를 가져야 한다. 사회 갈등을 만들어 내는 여러 집단들의 이익과 열정을 경쟁적으로 동원하여 자신들의 지지 기반을 확대하고자 하는 정당 정치의 민주적 효과가 작용하지 않는 한, 자본주의 시장의 분배구조에서 소외되어 있는 약자들의 요구가 정부의 정책 결정에 반영되기는 어렵기 때문이다.

정치적으로 대표되고 있지 못한 사회 세력이 있다면, 그리고 그들의 요구가 정당하다고 생각한다면 정당을 만들 수 있어야 한다. 기존 정당뿐만 아니라 진보 정당도 제 역할을 하지 못한다고 생각한다면 새로운 정당이 만들어질 수 있어야 한다. 정당을 만들기 어렵다면 각자의 요구를 담은 선거 강령을 내걸고 투표 권력이라도 조직해야 한다. 정치적 목소리를 낼 수 없다면 시민 주권은 없다.

9

이념을 이념적으로 생각하지 않아야 한다

사회경제적으로 지배적 위치에 있는 집단은 '지금 있는 현실'의 힘 관계를 정당화하기 위해 이데올로기를 필요로 한다. 반면 다수의 형성이라는 민주적 방법을 통해 불평등 구조를 개선해 가고자 하는 진보 세력의 이념 내지 이데올로기는 '지금의 현실이 개혁된 내일의 현실'을 추상적으로 구성하는 것이 될 수밖에 없다.

현상 유지를 바라는 집단이야 현재를 해석하는 것만으로도 족하지만 현실의 변화를 지향하는 진보 세력의 눈은 불가피하게 미래에 두게 된다는 뜻이다. 미래의 불확실성에 속에서 대규모 집합행동을 이끌고자 하는 진보 세력에게 '확신의 딜레마'는 피할 수 없는 도전이다. 도래하지 않은 미래를 어떻게 믿게 할 수 있을까?

역설적이지만 정당의 세계에서 이념의 역할이 중요한 건 바로이 때문이다. 정당들이 발전시키고자 하는 이념은 그런 '확신의 딜레마'를 해결하는 합리적 기제 가운데 하나이다. 이념이 정당을 만드는 것이 아니라 정당이 이념을 만든다는 사실을 강조할 필요가 있겠다. 따라서 뭐가 진보냐 하는 이념성 그 자체로 문제에 접근하기보다 정치적으로 실천 가능한지, 성과를 낼 수 있는지의 기준이 중요하다고 생각해야 할 것이다. 그러나 불행하게도 그간 한국의 진보 정당들은 추상적 이념 논쟁으로 시간을 보내느라 제대로 된 강령 하나 만들지 못했다.

물론 이념이 제아무리 현실적인 내용과 체계를 갖추었다 하더라도 그것만으로 정당 조직이 직면하는 딜레마를 해결하기 어려운 것도 사실이다. 그래서 어느 나라든 진보 정당은 분열의 사례가 많고, 실제로도 대부분의 나라가 두 개 이상의 진보 정당을 갖고 있다. 따라서 현실적인 목표는 분열 없는 하나의 통합 진보 정당을 만드는 데 있는 것이 아니라, 진보 정당'들' 가운데 주도적 혹은 지배적 정당이 되는 것에 있다. 그렇게 해서, 다른 군소 진보 정당들과 소모적 다툼으로 시간을 허비할 일이 아니라, 다른 보수정당들과 정치적으로 경쟁하고 권력의 향방에 실질적 영향력을 미칠 수 있어야 한다.

10

물신화된 민주주의관을 넘어서

현대 정당에 대한 많은 연구에서 배울 수 있는 것은 리더십의 발전 없이 정당 조직을 통합할 방법은 없다는 데 있다. 거대한 규모의 정치조직을 제도나 추상적인 규칙으로 운영할 수 있다고 생각한다면 그건 현실이 아니다.

정치란, 폭군이나 독재자의 출현 가능성을 감수하고라도, 사회를 조직하고 통합하기 위해 반드시 필요하기 때문에 인간이 만들어낸 기능이자 역할이다. 정치 없이 시민적 삶을 발전시키기는 불가능하며, 옛날이나 지금이나 정치의 핵심은 좋은 통치자를 만드는 문제에 대한 것이다.

정당이 중심이 되는 현대 정치에서 정당은 곧 국가의 통치권을 두고 경합하는 정치적 리더십의 조직적 표현과 같은 것이다. 응당 조직으로서의 정당이 발전하기 위해서는, 집합행동의 딜레마를 완화시키는 현실적이고 설득력 있는 이념이 필요하고, 자연스럽게 리더십의 발전 및 조직적 권위의 확립, 규율의 체계화가 있어야 한다. 문제의 핵심은 권위·권력·국가·정당·당파성·리더십의 좋은 모델을 발전시키는 데 있는 것이지 그 자체를 부정함으로써 정치 자체를 없애 버리는 접근이 아니라는 말이다.

모든 정당이 당내 민주화를 말해 왔고 지금도 계속 그 패러다임 안에 있다. 문제는 당내 민주주의를 과도하게 강조하면서, 좋은 정당이 되기 위해 당연히 발전시켜야 할 리더십과 권위의 체계를 심각하게 약화시켜 왔다는 사실이다.

민주주의든 진보든 민중을 위한 것이며, 거꾸로 민중이 그런 이념적 가치를 위해 존재하는 것이 아니다. 마찬가지로 정치와 정당역시 추상화된 원리나 가치에 맹목적으로 따라야 하는 생기 없는 무대가 아니라 인간들이 살아 움직이는 현실의 공간으로 이해되어야 할 것이다.

당내 정파는 한국 사회 진보파를 괴롭혀 왔던 대표적인 문제였다. 합리적으로 생각한다면, 정파의 존재 그 자체가 문제라고 할 수는 없을 것이다. 정파의 존재와 이들 사이의 경쟁이 당내 활력과 에너지가 될 수도 있다. 중요한 것은 정파의 문제를 그렇게 다루지 못한 데 있었다.

앞서 살펴보았듯이 막스 베버는 '지도자가 있는 민주주의'의 중요성을 이야기하면서 '지도자가 없는 민주주의'에서는 대중 권력이 강해지는 것이 아니라 필연적으로 정파와 도당이 지배하게 된다는 사실을 강조했다. 2004년 원내에 진입했지만, 그 뒤 어렵게 만들어진 진보의 정치적 자원이 탕진되고 만 것은, 정파 때문이 아니라 강력한 지도부의 부재로 인해 정파의 폐해가 무제한으로 허용되었기 때문이라고 봐야 한다.

조직화와 리더십에 부정적인 정향은 대개의 경우 중산층 엘리트들의 지적 허영을 반영할 때가 많다. 강력한 리더십의 체계가 작동할 때 이들의 의견과 발언 욕구는 조직 내 민주주의의 기반이 되지만, 반대로 리더십의 체계가 작동하지 않을 때는 언제든 정치조직의 파편화 내지 정파의 과도한 족출을 만들어 내는 기반이 된다.

진보적 관점의 정치학자들 사이에서 가장 강력한 합의 가운데 하나는 "강한 정당의 부재는 가난하고 교육받지 못한 시민들의 정치 참여를 축소하고 선거를 중간계급 위주의 것으로 만든다."라는 것이다. 이 간단하면서도 단호한 주장이야말로 현대 정치의 핵심 중의 핵심이 아닐 수 없다.

한국의 진보 정당은 개인으로 상징되는 리더십에 대해 매우 부정적인 정당 조직 모델을 고집했다. 아마도 이 점은 다른 나라에서도 유사 사례를 찾기 쉽지 않을 것이다. 그리고 그 결과는 진보 정당이 갖는 자원과 잠재력을 조직하는 데 있어서 빈약한 성과로 나타났다. 정당이 하나의 조직인 한, 그것도 사회의 개혁자가 되고자 하는 진보 정당인 한, 리더십의 문제를 경시하는 것은 큰 문제가 아닐 수 없다.

현실의 민주주의가 먼저 정부로 하여금 통치하게 한 뒤 그것에 책임성을 묻듯이, 정당 조직에서도 먼저 리더십이 기능하게 하고, 그러고 나서 그것이 만들어 낼 수 있는 권위주의적 요소들과 대면해 가야 할 것이다. 인치가 갖는 독단성과 임의성을 제어해야겠지만 그렇다고 인치의 존재 자체를 부정하는 것은 정치를 없애는 것과 같다.

그간 한국의 진보 정당은 보수정당과는 달리 '인치의 과잉'이 아니라, 사회적 기대와 대중적 열망을 응집시킬 수 있는 '인치의 부족', 즉 리더의 부재 때문에 더 많은 문제를 낳았다. 아데나워 시대의 독일 기민당, 브란트 시대의 독일 사민당, 맥도널드 시대의 영국 노동당, 미테랑 시대의 프랑스 사회당을 말하듯, 진보 정당도 리더십의 특징과 결합된 직접적 책임성의 구조를 발전시키는 데 소극적이지 않아야 할 것이다.

11
강의를 마치며

정치에 있어서 권력은 전체 공동체의 질서와 변화를 이끌 수 있는 에너지의 원천이면서 타인의 자유를 구속할 수 있는 강제성을 본질로 한다. 따라서 현실에서 정치란, 권력을 어떻게 선용할 것인가 하는 '적극성'의 문제와, 권력을 다투는 사람들에게 책임성을 어떻게 부과할 것인가 하는 '제한성'의 문제 사이에서 고통스럽게 이루어질 수밖에 없는 운명을 갖고 있다.

제아무리 위대한 철학자나 정치학자도 이 딜레마를 '이해'하는 데 기여할 뿐이며, 이런 딜레마를 '해결'하는 과제를 안고 있는 것은 결국 정치를 소명으로 삼는 사람들이다. 좋은 진보 정당을 만드는 문제도 이와 다르지 않다.

'정당론의 마지막 패러다임'의 개척자로 평가되는 안젤로 파네비안코라는 이탈리아 정치학자가 있다. 그는 왜 어떤 진보 정당은 정치적으로 성공하고 어떤 진보 정당은 그렇지 못했는가라는 문제를 탐구했다. 그의 결론은, 그 어떤 제도나 규범으로도 권력의 딜레마를 해결할 수 없었고 따라서 성공한 진보 정당은 모두 정치가와 지도자의 역할을 유연하게 허용하는 당내 결정 구조를 발전시켰다는 사실을 발견했다.

물론 그의 결론 역시 절대적인 진리가 될 수는 없지만, 늘 협소한 정파 논리를 우선시했던 우리 사회 진보 정당들에게는 한 번쯤 생각해 봐야 할 주장이 아닌가 싶다. 정치가를 키우고 지키는 일의 중요성은 누구보다도 진보 정당에게 더 절실해 보인다.

알린스키의 말대로, "제발 좀 세상을 넓게 보자." 이 말로 진보파가 민주정치를 이해하는 문제에 대한 오늘의 강의를 마친다.

정치적 이성과
말의 힘

돌이켜 보건데 내가 맥없는 책들을 쓰고 현란한 구절이나 의미
없는 문장이나 장식적인 형용사나 허튼 소리에 현혹됐을 때는 어
김없이 정치적 목적이 결여돼 있던 때였다.
—조지 오웰, 『나는 왜 쓰는가』에서

지금부터는 앞선 강의에서 충분히 다루지 못한 주제, 내지 좀 더 이야기하고 싶은 주제를 그간 필자가 쓴 몇 편의 칼럼을 통해 보완하려 한다. 그런 의미에서 이번 6강은 일종의 보론 내지 보강이라 할 수 있다. 바로 시작하겠다.

1

민주정치 이상은 말의 힘을 통해 실천된다

민주정치의 이상은 강제나 억압보다 설득의 힘, 말의 힘을 통해 실현되는 공동체를 지향한다. 당연히 정치의 세계를 다루는 말과 언어가 좋지 않다면 그 이상에 다가가기는 어려울 것이다. 적절한 말을 쓰는 것은 중요하고, 그래서 좋은 말을 찾고 발견해 사용하는 것이 정치가의 좋은 역할이 되었으면 좋겠다. 공동체를 사람 살 만한 풍요로운 곳으로 만드는 데는 생산의 역할도 중요하고 새로운 기술 개발도 필요하지만 그것 못지않게 좋은 말의 효과도 있다고 보기 때문이다.

　말은 생각을 담는 그릇인 동시에, 생각을 만들어 내고 행동의 방향을 안내하는 지표와 같은 것이다. 말이 좋아지는 것 없이 인간관계나 공동체를 좋게 만들 수 있다고 상상하기는 어렵다. 권위주의적이고 전근대적인 정치 언어가 지배하는 곳에서 민주적 가치가 풍요로워질 수 있을까. 아닐 것이다. 그런 말이 지배할 경우 그때의 정치 언어는 풍부한 생각의 그릇이기보다 낡은 관행과 습속을 지속시키는 생각의 감옥으로 기능할 가능성이 높다.

　레바논 출신 소설가이자 시인인 칼릴 지브란이 말하듯 그런 말들 속에서 "생각은 항상 절반쯤 살해"당할 것이기 때문이다. 진보적 운동가들의 잘못된 언어 습관을 고치는 일에 말년을 바친 사울 알린스키는 소설가 마크 트웨인의 말을 인용하면서 이렇게 말한 바 있다. "적절한 단어와 거의 적절한 단어의 차이는, 번갯불과 반딧불의 차이와 같다." 정치가라면 적절한 언어를 선택해 자신의 주장을 펴고 있는지 늘 생각해야 할 것이다.

　정치의 언어는 위험하다. 모순적인 요구들 사이에서 말하고 행동해야 할 때가 많기도 하다. 상대의 관점에서도 생각할 줄 알아야 하고, 결정에 따라서 갈리게 될 피해자와 수혜자의 관점도 균형 있게 들여다볼 수 있어야 할 것이다. 그런 복잡하고 모순적인 상황에 눈감고 그저 자신들의 파당적 입장만 고집스럽게 내세우는 일이 없었으면 한다. 보고 싶은 것만 보고 말하고 싶은 것만 말하는 것은, 2012년 통합진보당 사태에서 볼 수 있었듯이, 재난적 결과를 낳을 수 있다. 파당적인 입장을 갖더라도 절차적 정의에 기초를 두면서 최대한 보편적이고 공정하고자 노력했으면 한다.

2

반대를 말하는 방법에 관하여

설득력 있는 반대를 말하는 방법은 어렵다. 자칫 반대하게 되어 있는 사람들이 으레 하는 반대론에 그치기 쉽다. 다양한 관점을 고려하면서도 더 강한 반대를 어떻게 말할 수 있을까. 다음 글은 2009년 용산 참사와 관련해 『경향신문』에 쓴 필자의 글이다. 눈 밝은 사람은 알아보겠지만, 오바마의 연설 형식을 빌렸다.

나는 모든 도시재개발에 반대하지는 않는다. 서울처럼 빨리 성장한 도시의 경우 재개발 수요가 많다는 사실을 잘 안다. 내가 반대하는 건 잘못된 도시재개발이다. 원래 살고 있던 거주자의 80퍼센트 이상을 그 지역에서 영구히 배제하는 재개발이라면, 그건 누구를 위한 것이 될까.

재벌 건설사에 천문학적 이익을 가져다주는 동안 어렵게 장사의 터전을 닦은 상인들이 제대로 보상받지 못한 채 밀려나는 재개발이라면, 옳지 않다. 용역 경비 업체에 돈을 주고 세입자를 위협해 내쫓는 게 비용이 덜 든다고 생각하는 재개발이라면, 정의롭지 못한 일이다. 이런 식의 재개발에, 나는 반대한다.

나는 법은 지켜져야 한다고 생각한다. 강력한 공권력의 존재와 역할을 긍정하며, 그것 없이 공동체의 질서를 만들 수 없다고 생각한다. 그러나 나는 그 법과 공권력이 힘없는 사람들의 권리를 억압하고 강자의 이익에 봉사하기 위한 방식으로 집행되는 것에 반대한다. 권리금은 현실의 시장 질서에서 인정되는 재산권이고 상가 임대계약에서 대개 계산되고 거래되고 있음은 누구나 다 아는 사실인데, 이를 보상 범위에 포함할 법적·제도적 근거가 없다며 부정당해도 좋은 것으로 만들 수는 없다.

재개발로 인해 감당해야 할 임대 상인들의 손해를 보상하는 것은 그들의 당연한 권리로 접근해야 할 일이지, 법에 없는 시혜나 양보로 간주되어서도 안 될 것이다. 이들의 권리를 부정하면서 개발 사업자와 건물주, 혹은 행인들의 생명과 재산권을 보호한다는 이유로 공권력을 가혹하게 동원하는 잘못된 법 논리에 대해, 나는 반대한다.

나는 경찰의 모든 행동에 반대하지는 않는다. 잘 훈련된 정예 부대로서 경찰 기동대의 역할도 필요하다고 생각할 뿐만 아니라, 불법과 폭력이 난무할 경우 주저 없이 과감하게 행동해야 할 때가 있다는 사실을 인정하며, 그래서 이번에 순직한 경찰관과 그 가족들의 슬픔에 대해서도 더 많은 관심을 가져야 한다고 생각한다.

그러나 나는 이번 같은 경찰의 진압 방식에는 찬성할 수 없다. 안전 수칙도 지키지 않은 채 무분별한 진압 행동에 나서도록 한 경찰 지휘부의 책임은 말할 수 없이 크다고 생각한다. 인간의 사회에서 가장 무서운 일은 국가기구가 시민에 대해 조직화된 폭력으로 기능할 때이며, 그걸 막기 위해 모든 공권력의 집행은 절차적 정당성에 따라 이루어지도록 엄격하게 규정되어 있다. 용역 경비 업체 직원의 폭력이 두렵고 공권력에 맞서 자신의 권리를 주장하기엔 의지가 약한 사람들이 더 이상 물러서지 않겠다는 결의를 보이기 위해 위험 물질로 자신을 둘러치며 절망적으로 나섰을 때, 그들을 폭력과 불법의 세력이라 몰아붙이고 경찰력이 얼마나 무서운지를 보여 주고자 한 것에 대해, 그리고 그것이 통치자에게 잘 보이고자 하는 경찰 간부의 욕심에서 비롯된 것이야말로, 있을 수 없는 비극이라 나는 생각한다.

도시계획을 전공하는 내 친구는 주거와 일, 휴식과 문화의 욕구 실현이 가능하고, 가난한 서민들에게도 그 혜택이 돌아가는 인간적 도시 재개발 방법을 늘 고민한다. 그의 노력과 성과를 지켜보는 일은 즐겁고, 함께 일하는 공무원 가운데 뜻을 같이 하는 사람이 늘고 있다고 좋아하는 그를 보며 나도 그의 자부심을 공유하곤 한다.

대학 다닐 때 시위에 참여할 용기는 없었지만 좋은 법관이 되겠다던 또 다른 내 친구는 뒤늦게 법관의 길에 들어섰는데, 젊은 법관들이 자신보다 생각이 바르고 용기가 있다며 자랑스러워한다. 한때 내가 가르쳤던 학생 가운데 경찰대학에 간 녀석이 있는데, 그는 시민들에게 좋은 경찰이 되겠다고 말하며 자기 주변의 젊은 경찰관들도 같은 생각이라는 사실을 늘 자랑스럽게 전한다.

이번 일이 우리 사회의 미래를 짊어질 이들 도시 계획자, 공무원, 법관, 경찰관들이 키워 온 자부심에 얼마나 큰 상처를 주었을까를 생각할수록, 나는 화가 난다. 정부다운 자세를 잃고 사태의 책임을 누군가에게 전가하려 전전긍긍하는 모습을 보면서, 나는 이명박 정권이 지금처럼 하는 것에 정말로 반대한다.

3

내용의 단단함과 표현의 부드러움

진보파의 말과 글이 지나치게 자극적이고 공격적인 것을 자주 보게
된다. 하지만 그리 효과적이지 않다고 본다. 말과 글이 좋았으면 하
는 생각에서 2010년 1월 『경향신문』에 쓴 칼럼 한 편을 같이 살펴
볼까 한다.

　오랫동안 노동운동을 했고 지금은 평화운동을 하고 있는 대학
동기를 만났다. 이런저런 이야기를 하는 과정에서, 그는 우리 사회
진보파의 언어가 지나치게 공격적이고 때로는 폭력으로 느껴질 때
가 많다는 말을 했다. 그러다 보니 진보적 매체나 논의의 장에 더 이
상 참여하거나 관심을 갖지 않게 되더란다.

　앞에서 소개했지만, 미국 진보파들 사이에서 정신적 지주의 한
사람으로 꼽히는 사울 알린스키는 1930년대 시카고에서 빈민 운동
을 주도했고 나이가 들어서는 진보적 활동가들을 교육하는 일에 전
념했다. 그가 교육했던 주제 가운데 하나는, 말의 공격성 혹은 상대
에게 모욕을 주는 것으로 자신의 일을 다했다고 생각하는 태도에
대한 것이었다.

　누군가를 향해 '돼지'나 '파시스트'라고 인격적으로 비난하는 활
동 방식은 듣는 사람들로 하여금 '운동권이 원래 그렇지'라는 식으
로 정형화된 이미지를 갖게 해 사회운동의 고립을 초래한다는 것이

다. 그렇지 않으려면 일반 대중의 경험 세계 속에서 자신의 말이 어떻게 공명될 것인지를 중시해야 하고, 또 "상대의 가치관을 온전히 존중하는 바탕 위에서" 진보의 언어적 실천이 이루어져야 한다는 것을 끊임없이 강조했다.

최근 인터넷 글쓰기의 영향이 커지면서 진보파들의 언어 습관에도 적지 않은 변화가 보여 주목되고 있다. 집권 세력과 그 수장을 'MB' 내지 '2MB'로 표현하고 거기에 '명박이', '쥐박이', '생쥐', '바퀴벌레' 등의 모욕적 이미지를 결합시키려는 노력이, 진보파들의 말과 글에서 쉽게 볼 수 있게 되었다. 그것은 아마도 통치의 가혹함에 대한 강렬한 항의의 소산이겠지만, 결과는 그리 긍정적이지 않은 것 같다.

한번은 인권 문제에 대한 관심을 진작시키기 위한 콘서트에 갔는데, 시작에 앞서 사회자가 그 취지를 설명했고 해직 교사 한 분을 무대로 초청해 이야기를 나눴다. 그런데 해직 교사가 자신의 사례를 설명하면서 현 정부를 '이명박 정부'라고 지칭하자 사회자는 "MB 정부를 좋아하시나 보네요?"라고 물었다. 이명박 정부와 MB 정부 사이의 언어 선택이 갖는 정치적 의미가 사회자에게는 예민하게 포착되었던 듯하다.

사람들은 어떻게 받아들였을까? 객석은 무슨 영문인지 몰라 조용했는데, 사회자가 농담이라고 말한 다음에도 여전히 조용했다. 진보파들과 일반 시민 사이에 언어 습관의 괴리가 커지는 것은 좋은 현상이라고 말하기 어렵다.

그간 우리 사회에서 말이 갖는 공격성 내지 폭력성은 주로 보수적 정향이 강한 사람들의 특징이었다. 다른 의견을 가진 사람들을 향해 폭도나 빨갱이, 친북 좌파라고 공격하는 일이 허다했다. '말 많으면 빨갱이'라는 비이성적 논리가 강요되기도 했고, 빨갱이들은 개조가 안 되고 대화로 풀어 보려 했다가는 자칫 말려들거나 한다며 '때려잡자'거나 '북한에 보내자'는 무서운 주장도 많았다. 그런데 그런 억압적인 현실을 개선하고자 하는 진보파들 사이에서도 말이 자꾸만 나빠지고 있는 것을 지켜보는 것은 마음 불편한 일이다.

흑인 여성이라는 정체성 속의 이중적 억압성을 날카롭게 문제 삼는 작품들로 퓰리처상과 노벨 문학상을 받은 토니 모리슨은, "문학은 정치적인 동시에 더할 나위 없이 아름다워야 한다."고 말한 적이 있다. 정치적인 주제를 진지하게 다룬다면, 분명 말과 글은 파당적일 수밖에 없을 것이다. 기성 체제에 대한 근본적 비판자로서 진보파가 갖는 사회적 가치 또한 파당적이 됨을 기꺼이 감수하는 자세에서 기인하는 바 크다.

그렇다 하더라도 그 파당성은 공정한 태도와 인간적인 따뜻함 그리고 표현의 부드러움에 의해 뒷받침될 때, 힘을 발휘할 수 있다는 것이 나의 생각이다. 진보적인 것의

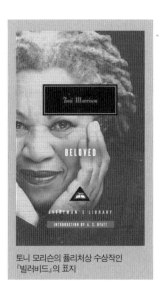

토니 모리슨의 퓰리처상 수상작인 『빌러비드』의 표지

가치도 소중하지만 그보다 인간적인 것의 가치가 더 넓고 풍부하다고 보기 때문이다.

4
돈 문제와 개인 삶에 대한 존중

우리 사회 진보파 가운데에는 개인 삶을 돌보는 일을 부끄럽게 생각하는 사람이 많다. 심지어 진보를 위해서는 개인 삶을 희생해야 한다거나, 사적 영역 자체를 부정시하는 이들도 적지 않다. 대표적인 예로 '돈 문제'를 통해 말해 보자.

2004년 총선에서 국회의원 10명을 배출한 민주노동당은 소속 국회의원과 보좌관, 중앙당 및 지역 조직 상근자 등, 이른바 진보 정치를 직업으로 삼게 된 사람들에게 평균 127만3천여 원의 월급을 줬다. 국가 예산으로 지급된 국회의원과 보좌관 급여는 당이 환수했다. 이 모든 게 "노동자의 평균 임금을 받는다."라는 논리로 이루어졌는데, 그 후 약간의 증액은 있었지만 그 뒤에도 이 원칙은 형태를 달리해 지켜져 왔다.

결과는 어땠을까? 가족을 건사하고 자녀를 교육하는 등 생활의 요구를 충족시킬 수 없었던 것은 당연했지만, 정작 더 중요한 것은 그런 요구나 불만조차 잘 표출될 수 없었다는 데 있다. 자칫 돈을 밝히는 사람이거나 진보의 대의에 헌신하려는 자세가 안 돼있는 사람으로 비난받기 쉬웠기 때문이다.

진보에 대한 도덕적 헌신은 강해졌을까? 그것도 아니다. 개인 삶의 고통을 인내해야 하는 시간이 길어짐에 따라 열정은 식고 현실의 압박은 커졌기 때문이다. 재능 있는 사람들이 빠져나갔고 또 재능 있는 사람들이 진보 정치에 참여하는 것을 꺼리게 되니, 조직의 인적 역량도 시간이 갈수록 약해졌다. 그렇다고 이들을 교체할 수도 없었다. 저임금 구조에서 고용 안정마저 위협되는 것을 누가 수용할 수 있겠는가. 결국 유능한 인력이 충원되고 순환되기보다는 남아 있는 사람들을 저임금 구조로 통합·유지하는 조직, 공식적으로는 급여를 올리기 어렵다 보니 편법을 통한 소득 보전을 강구해야 하는 진보 아닌 진보 정당이 되고 말았다.

공직에 대한 보상을 노동자의 평균 임금으로 한다는 생각은 파리코뮌의 원칙이었다. 달리 말해 혁명 내지 혁명정부의 원칙이라고 할 수 있다. 그러나 민주주의는 혁명의 원칙으로 실천되기 어렵다. 민주주의는 평범한 보통 사람들에게 기반을 두는 정치체제이고, 진보 정당도 민주주의를 받아들인다면 평범한 보통 사람의 관점에서 이해되고 수용되고 실천될 수 있는 방식으로 일을 해야 한다. 개인 삶을 희생하는 진보는 혁명의 원칙에서는 받아들일 수 있어도 민주주의의 원리와는 양립하기 어렵다.

차티스트운동을 단순히 노동자 참정권 주장 정도로만 생각하는 사람이 많은데, 그때 제기된 요구 가운데 하나는 대표들에게 세비를 주라는 것이었다. 그래야 개인 삶을 희생하지 않고 정치에 참여할 수 있기 때문이다. 당시 공직에 돈을 요구하는 것은 천박하다며 반대한 사람들은 돈 걱정이 없는 귀족들이었다. 고대 아테네에서도 민주주의가 발달하면서 공직에 나가는 사람들에게 급여를 주기 시작했는데, 그래야 정치 참여와 개인 삶이 양립할 수 있기 때문이었다. 민주주의의 이름으로 지켜지는 개인 삶이 튼튼할 때 민주주의가 사회 속에 뿌리내릴 수 있듯이, 진보의 이름으로도 개인 삶이 안정될 수 있어야 자기 삶을 걸고 진보를 지키려는 의지가 커질 수 있고 또 오래갈 수 있다. 돈이 진보 정치를 타락시킬까 두려워하고 그래서 그런 문제를 없애기 위해 저임금을 강요하는 것은 곤란하다.

돈은 인간의 경제행위를 사회적으로 조직하는 데 꼭 필요한 존재이다. 돈을 잘못 다뤄서 인간이 타락하는 것이지 돈 그 자체가 문제인 것은 아니다. 돈에 무심하다거나 돈 욕심이 없다는 것을 진보인 양 자랑하거나 돈이 가치를 잃어야 인간성이 되살아난다는 진보의 통념은, 자칫 온정적 엘리트주의나 변형된 귀족주의이거나 현실의 고용·피고용 관계를 인정하지 않으려는 태도로 나타날 때가 많다. 진보를 이유로 개인 삶이 희생되는 일이 더는 없었으면 좋겠다.

5

권력과 인간

모든 만남이 다 좋은 것은 아니다. 외양적으로 나타나는 태도의 진보성이 다른 의도나 욕구에서 비롯된 것임을 알게 될 때 그 만남은 유쾌하지가 않다. 그러나 소박한 삶에서 자신을 지키며 비정상과 억압에 맞서는 사람들이 있다. 그런 삶, 그런 사람을 만나면 행복해진다. 다음은 2010년 1월 『경향신문』에 기고했던 필자의 칼럼이다.

이명박 정부가 들어선 뒤 얼마 안 된 시점의 어느 저녁 식사 모임에서 정부 산하단체 기관장을 만났다. 지난 정부에서 임명된 대표적인 운동권 인사였는데, 이명박 정부하에서 해임될 가능성을 걱정했다. 그러면서 자리를 함께한 사람들에게 이 정부의 요직을 맡고 있는 사람을 알면 소개해 달라고 부탁했다. 지금의 자리는 국가적으로 너무 중요하고 자신이 그 일에 가장 적합한 사람이므로 로비를 좀 해서라도 역할을 계속해야 한다는 게 그 이유였다.

특별히 추천하는 사람이 없자 그때부터 그는 이 정부의 반민주성과 무도함을 규탄하기 시작했다. 가만히 있으면 안 된다면서 진보니 개혁이니 할 것 없이 모두가 연대해서 싸워야 한다고 말했다. 안 그러면 자기 같은 사람들은 다 쫓겨난다는 것이다. 같이 있던 한 국립대 교수는 이 정부를 파시스트 정부라고 규정하면서, 이 정부하에서 심하게 당해 봐야 김대중·노무현 정부를 비판했던 사람들도 뉘우칠 것이라고 힘줘 말했다. 앞의 두 정부에서 자문 교수 역할을 했던 그는, 이 정부의 지나침에서 일종의 심리적 보상을 얻는 것 같았다.

가까이 지내는 한 사람이 있다. 1981년 대학에 입학해 학생운동을 했고 졸업 후에는 노동운동을 했다. 햇수로 19년 동안 그렇게 했다. 민주노총 대변인을 끝으로 현장을 떠난 그는, 못 다한 공부의 끈을 다시 잇고자 했고 내가 있는 출판사에서만 두 권의 책을 냈다. 작년 그의 생일날, 그의 처는 남편 몰래 깜짝 생일잔치를 준비했는데 나도 초대를 받았다. 거기서 그의 가장 친한 친구를 만났다. 조합원 2만5천 명을 이끄는 노동조합의 위원장이었다.

1980년대 중반 노동운동을 하다 만난 그 두 친구의 뗄 수 없는 인연과 재밌는 일화를 들으며, 언제까지나 두 사람의 얼굴에서 웃음이 떠나지 않았으면 좋겠다는 생각을 했다. 그런데 노조 위원장 친구는 이 정부의 공기업 구조 조정에 맞서다 구속되었다. 지난주 친구를 면회하러 가는 그를 따라 나도 서울구치소에 갔다. 간단한 절차를 마치고 면회실에 들어서자 113번을 단 그의 친구가 들어왔고, 투명 칸막이 너머에 마주 앉은 두 사람은 마이크를 통해 짧은 대화를 나눴다.

"잘 지내고 있으니 걱정 마라."며 자기 방 사람들은 먹을 것을 포함해 뭐든 같이 나누는 '서울구치소에서 가장 민주적인 방'임을 자랑했다. 가족들의 안부를 서로 묻고 각자의 근황을 말할 때, 둘은 너무 쾌활했다. "대학원 박사과정은 합격했나?" "와! 축하한다." "박사 친구 두게 생겼네, 공부 열심히 해라." 구속된 현실을 어떤 말로 안타까워하고 위로해야 할까를 걱정하며 면회실에 들어섰던 나는 어색하게 웃기만 했다.

두 사람 사이에는 말이 필요 없는 깊은 연대감이 있었지만, 그럼에도 자꾸 나는 마흔아홉 동갑내기 두 남자에게서 뭐라 표현하기 어려운 쓸쓸함을 느꼈다. 노동운동 하느라 돌보지 못했던 부모와 처자식에 대한 애틋함을 그들은 이렇게 돌려 말했다. "나오면, 흙집 지어야지?" "꼭 그럴 거다. 같이 짓자." "난 손재주가 좋다." "난 끈기가 있다." 그리고는 서로 빙그레 웃는다. "몸은 어때? 약은 챙겨 먹지?" "빼놓지 않고 먹는다. 걱정 마라. 주전부리 일절 안하고 나오는 밥 먹고 운동 열심히 한다." "그래, 꼭 그렇게 해야 한다."

오순도순 살아갈 그들의 미래, 그 흙집을 그들은 짓게 될 것인가. 인덕원역 긴 계단을 내려오면서 내가 묻자, "집 짓는 데만 3억 원이나 든다는데."라며 웃는다. 생각하기에 따라서는 서글픈 이야기일 수 있지만, '민주 대연합'의 이름을 걸고 자기 자리를 위하여 만인의 투쟁을 희생시키려는 사람이나, 더 당해 봐야 한다며 삐뚤어진 심성을 드러내는 사람들을 만날 때보다 수천, 수만 배 기분이 좋았다. "그래도 현장은 건강하다."라며 자신의 조합원들을 자랑스러워하는 이들이야말로 이 정부의 가혹한 정치에 진짜로 반대하고 진짜로 싸우는 사람들 아닐까.

6
진정성의 정치가 과잉될 때

지난 몇 년 동안 한국 정치를 지배한 용어 하나를 꼽으라면 필자는 '진정성'이라고 말하고 싶다. 앞서도 여러 번 지적했듯이 '도덕의 언어'가 강조된다는 것은 그만큼 정치가 나빠지고 있다는 것을 뜻한다.

우리나라 정치인들이 정치적으로 생각하고 발언하고 책임성을 갖는 '정치의 언어'를 발전시키는 문제에 더 큰 관심을 가졌으면 한다.

좋은 정치란 권력적이지 않을 때 가능하다거나, 혹은 권력이 아니라 진정성으로 일할 때 실현될 수 있다고 말하는 사람이 많다. 그러나 내 생각에 진정성에 의존하는 정치는 문제가 있다. 공허하거나 아니면 자신의 무책임함을 모면하려는 알리바이가 될 때가 많기 때문이다.

이명박 대통령은 자신에게 정치란 권력 행사가 아니라 '봉사하며 살아가는 일'이라는 말을 자주 한다. 북한에 대해서는 '진정성을 보이라.'는 요구로 일관하면서 사실상 남북 관계 개선을 위해 아무 일도 하지 않는다.

이명박 정부하에서 박근혜 의원은 정치란 '원칙과 진정성을 갖고 국민을 위해 봉사하는 일'이라는 말만 계속할 뿐 현실의 권력관계와 무관한 존재처럼 행동했다. 야당인 민주당 역시 이명박 대통령을 비판할 때마다 '진정성을 갖는 정치'를 앞세웠다. 민주당 원내대표 경선 때마다 사람들은 '국민에 대한 봉사'와 그 '진정성'을 출마 이유로 내걸고 나섰다.

물론 이들의 진정성 담론은 진짜가 아닌 상투적 정치 담론일 뿐, 중요한 것은 '진정한' 진정성에 있다고 반박할지 모르겠다. 그러나 그것 또한 문제가 없는 것은 아니다.

잘 알고 지내는 후배가 하나 있다. 2004년 민주노동당이 원내에 진입하자 진보 정치의 꿈을 같이 일궈 가고 싶다며 다니던 회사를 그만두고 중앙당 상근 활동가를 자원했다. 그런데 그로서는 납득하기 어려운 당의 결정이 가끔 있었다고 한다. 그래서 당 지도부 가운데 한 분을 만났을 때 그 이유를 따져 물었다. 그랬더니 그분은 그 이유를 설명해 주는 대신, 따끔한 훈계를 했다고 한다.

후배의 문제 제기가 무례했는지는 모르겠지만, 그때 내 관심을 끌었던 것은 그분의 말이었다. 핵심은 "우리 당의 지도적 역할을 하는 사람들은 평생 개인의 삶을 희생해 가면서 운동에 헌신했고, 지금도 사심이나 권력욕 없이 다들 그렇게 일하고 있는데 그 진정성을 의심하는 태도는 잘못이다."라는 것이었다.

내 생각에 그분의 말에는 분명 진정성이 있었을 것이다. 실제로 그런 분들의 헌신과 희생 덕분에 민주화도 되고 진보 정치의 힘든 길이 개척될 수 있었다는 사실을 부정할 사람은 없다. 그런데 그 바람에 그들이 지도부라는 사실, 그리고 당내 위계 구조 위에 서있고 권한과 영향력을 더 많이 갖는 권력자라는 사실이 인식되지 못했다. 그러다 보니 결정에 대한 설명의 책임이라는 민주정치의 원리가 소홀히 여겨지고 말았다.

권력이 아니라 진정성이라는 그분의 윤리적 태도는 결과적으로는 이견을 억압하는 기능을 했는데, 흥미로운 것은 후배의 태도였다. 그런 경험이 있은 뒤 그는 웬만해서는 자기 생각을 표출하지 않았다는데, 뭔가 이견이 있다가도 그걸 말하기에는 자신이 살아온 평범한 회사원의 삶이 부끄럽게 느껴지더라는 것이다. 이런 심리적 상황에서 적극성과 자발성을 갖기는 어려웠고 결국 삶의 보람을 찾지 못한 후배는 당직을 그만두었다.

진정성은 인간의 윤리적 삶을 이끄는 매우 중요한 내면적 가치가 아닐 수 없다. 그것 없이 개인의 참된 삶은 유지되기 어려울 뿐만 아니라 대부분 권력관계로 움직여지는 정치의 세계에서 자신을 지켜 내기 어렵다. 그러나 그런 내면적 가치를 자신의 외양으로 삼을 때 혹은 자신이 옳기 위해 그런 윤리성을 동원해 타인의 행위를 제약할 때 그 부작용도 만만치 않다는 생각을 해야 한다. '권력이 아니라 진정성으로 정치 하라.'고 말한다 해서 정치가 좋아지기는 어렵다. 그보다는 정치의 세계에서 객관적으로 존재하는 권력 현상을 이해하고 그것의 긍정성을 선용하는 동시에 권력이 자의적이 되지 않도록 책임성을 부과하는 문제에 더 관심을 갖는 게 훨씬 좋은 일이라고 본다.

우리 정치가 필요로 하는 것은 진정성으로 일을 한다는 정치가가 아니라, 권력을 알고 이해하고 두려워하지 않으면서 바람직한 가치를 위해 권력을 실질적으로 활용할 수 있는 정치가이자, 그러기 위해 내적으로 단단한 신념과 외적으로 탄탄한 실력을 갖추려고 노력하는 정치가가 아닌가 싶다.

7

대표와 위임의 모호함 : 정치가 개인의 변덕에 좌우되는 민주주의

한 외국인 정치학자가 이렇게 물은 적이 있다. "한국의 대통령들은 왜 그렇게 빨리 인기가 떨어지는가?" 집권이 곧 실망의 시작이라는 사실, 그리고 그 실망의 속도가 너무 급격해 늘 모두를 놀라게 한다는 것은 분명 한국 정치가 안고 있는 어떤 결함을 반영한다.

여러 차원에서 설명해야겠지만, 가장 큰 문제이자 원인은 '대표와 위임의 모호성'에서 찾을 수 있지 않을까 한다. 국가 권력의 향배를 둘러싸고 시민의 결정과 주권의 위임이 이루어지는 선거 과정을 거쳐 겨우 도달한 것이, "뭔가 하지 않겠어?" "그래도 최고 경영자 출신인데 경제는 제대로 챙기지 않을까?" "경제 민주화가 공약 사항인데, 좀 달라지겠지." 하는 등속의 애매함이라면 출발부터 잘못된 일이 아닐 수 없고, 그런 기대가 실현될 수 없다는 것을 알게 되는 순간 실망과 환멸은 쉽게 전염성을 갖기 때문이다.

흔히 미국의 대통령 선거를 가리켜 '성능 뛰어난 엠알아이'great MRI라고 부른다. 2년 가까운 선거운동 기간 동안 각 후보들의 생각과 자질, 능력이 거의 샅샅이 검토되고 공론화되기 때문이다. 후보들은 말해야 하고 그것도 구체적으로 말해야 하며 설득력 있는 근거를 제시하는 것에 비례해 지지를 늘릴 수 있다. 그리하여 대통령이 된 후 그가 무엇을 하고 무엇을 하지 않을지에 관해 어느 정도 예측이 가능하다. 예측 밖의 사례가 없는 것은 아니지만, 적어도 우리처럼 일상적이지는 않다.

박근혜 대통령은 대통령이 되기 전 의원 시절부터 자신의 말을 잘 하지 않았다. 그는 "국민이 행복해야" "국민이 공감해야" "국민에 고통과 실망을 주지 말아야" 하는 식의 말은 했지만, "그래서 나는 어떻게 하겠다."는 것이 늘 없었다. 그것도 준비한 것을 읽는 것에 그칠 뿐, 이어지는 대화와 토론이 있는 것도 아니어서 늘 답답하고 애매했다. 더 큰 문제는 의도적으로 그런 모호함과 막연함을 즐겼다는 데 있다. 아마도 그런 식으로 기대감을 키우는 신비주의적 태도를, 이명박 당시 대통령의 실패에서 정치적 이익을 얻는 최선의 전략이라고 계산한 듯했다.

정치적 이득을 위해서는 그런 식으로 행동하는 게 현실적일지 몰라도 민주정치를 위해서는 결코 좋은 일일 수 없다. 시민이 통치자를 선발하는 민주주의 체제에서 시민 주권이 제대로 작동하려면, 시민들은 자신의 선택이 어떤 결과를 가져올지 알 수 있어야 한다. 그러려면 누군가 통치자가 된다고 할 때 그 결과가 어떨지 알려져야 한다. 그렇지 않으면 시민이 통치자를 뽑는 것인지, 또 다른 정치적 투기 세력이 모호함을 전략으로 시민의 선택을 잘못 이끄는 것인지를 구분할 수 없다.

당시 신문 칼럼을 통해 '모호함의 정치'를 즐기는 박근혜 의원을 비판한 적이 있다. 다음 날 출판사로 끈질긴 항의 전화가 왔는데, 요점은 "왜 박근혜의 진심을 믿으려 하지 않는가?"였다. 그러면서 "박근혜는 약속을 지키는 사람이다. 두고 보면 알거다."라고 호언장담을 했는데, 그때 전화로 필자에게 항의했던 사람은 지금도 그렇게 생각하고 있을까?

민주주의에서라면 정치가는 반드시 어떤 내용으로 시민 권력을 위임받고자 하는지 분명히 말해야 한다. 그렇게 하지 않은 정치가가 통치자가 되었을 때 무슨 일이 벌어질 수 있는지를 박근혜 정부는 잘 보여 주고 있다. '모호함의 정치'가 막연한 신비주의를 통해 영향력을 갖는 일이 더는 허용되어서는 안 될 것 같다. 아무리 봐도 우리가 지금 실천하고 있는 것은 민주주의가 아닌 '선출된 군주정' 이상은 아닌 듯하다. 정치체제의 운명이 대통령 개인의 알 수 없는 개성적 요인이나 변덕스러운 의지에 좌우되는 것을 어떻게 민주주의라고 할 수 있겠는가.

8
법의 지배와 민주주의

민주정치 스스로 해결해야 할 문제가 사법부의 판단으로 옮겨 가는 현상이 많아졌다. 여기에는 '법의 지배'를 어떻게 민주주의의 가치와 병행 발전하게 할 수 있을까 하는 문제가 있다.

민주주의는 다수 지배를 원리로 하며, 다수의 지지를 두고 다투는 정당들의 경합을 통해 작동한다. 제도적으로는 다수의 의지를 입법과 정책으로 구현하는 의회와 정부가 중심이 되는 체제이다. 그러나 제아무리 이상적인 민주주의라고 해도 통치자와 피통치자의 분리는 불가피하다. 그 분리의 공간에서 통치자의 은밀한 계획이 작동하고 권력의 자의성이 배양된다.

시민이 할 수 있는 가장 강력한 책임 추궁은 다음 선거에서 통치자를 교체하는 것이지만, 그 이전에도 다양한 형태의 법적·제도적 제한이 필요한 것은 그 때문이다. 민주주의와 법의 지배가 중첩되는 지점은 바로 이곳이다. 법의 지배 없이 민주주의가 그 가치를 안정적으로 실현할 수 없다는 것은 분명하다.

법의 지배는 법 앞의 평등을 원리로 하는데, 뭐니 뭐니 해도 그 핵심은 통치자와 사회적 강자들로 하여금 법을 준수하게 하는 데 있다. 제도적으로는 국가의 다른 부서로부터 독립된 사법부가 그 중심이 되는데, 문제는 이들이 독립적일 수는 있으나 판결의 내용에 있어 중립적이지는 않다는 데 있다. 법관들도 아침에 신문을 보고 특정 정당에 투표를 하며 정치적 쟁점에 대해 의견이 있고 같은 의견을 가진 사람들과 어울린다. 파당적 의견에 영향받지 않고 법대로 판결할 수 있다고 생각한다면 그건 현실이 아니다.

권위주의 체제를 오래 경험한 나라일수록 국가권력에 종속된 사법부를 제도적으로 독립시키는 일에 적극적이었다. 그간 사법부가 정의롭지 못한 판결을 해온 것은 권위주의 국가권력에 의한 강제 때문으로 이해되었다. 그런 나라들은 민주화 이후 한결같이 사법부의 독립성을 최대한 보장하는 제도 개혁을 했다. 그러나 사법부의 불편 부당성과 공정성을 보장할 수 있는 제도적 메커니즘은 아무것도 없었다. 법관들 대부분은 구체제에서 선발되고 성장했으며 이념적으로나 계층적으로 매우 강한 상층 편향성을 가졌다. 이런 조건에서 야당이 집권하게 되었을 때 무슨 일이 일어났을까?

권력을 잃은 정치 세력과 구체제하에서 성장한 기득권 집단의 선택은 사법부를 불러들이는 것이었다. 그 결과 민주주의의 영역에서 다투어져야 할 정치적 사안들의 운명은 법원의 결정에 의존하게 되었고, 공권력에 의해 통제되던 노동쟁이나 사회 하층의 요구를 억압한 것 역시 법의 판결이었다.

일상화된 위헌 심사가 민주정치를 대신하고, 손해배상 소송이 경찰 투입보다 더 무서운 일이 되었다. 사태를 더욱 나쁘게 만든 것은 개혁 세력 역시 사법부를 적극적으로 활용하고자 하고 이들과 보이지 않는 우호적인 관계를 형성하려 했을 때였다. 법의 지배가 아닌 '법에 의한 지배', '정치의 사법화', '정치적 무기로서의 법의 지배' 등의 개념이 널리 회자된 것은 바로 이런 상황 때문이었다.

일찍이 토크빌은 "민주주의 국가에서 법관들의 자의적 권력은 전제 국가에서보다 훨씬 더 크다. …… 그 어디에서도 민주공화국에서보다 더 큰 자의적 권력을 법에 부여하지는 않았다."라고 말한 바 있다. 한 걸음 더 나아가 옥스퍼드 대학의 법철학자 조지프 라즈는 민주주의와 법의 지배는 원리적으로 잘 결합하기 힘들다고 하면서 "법의 이름으로 사회적 목적을 추구하는 행위에 신중"해야 함을 강조한다. 이들이 권하는 것은 두 가지다. 우선 정치체제의 안위를 위협할 만한 사안이 아니라면 사법부는 의회에서 이루어진 민주적 결정을 가능한 한 존중해 헌법을 해석해야 한다. 그러나 더 중요한 것은 민주정치의 영역에서 다뤄져야 할 사안을 법으로 가져가는 정치의 나쁜 습관부터 교정되어야 한다. 공동체의 중대 사안일수록 법이 해결해 줄 수 있는 것은 거의 없기 때문이다.

9
통치자는 누가 통제하는가

선거를 통해 합법적으로 선출된 정부가 다수 시민의 의사에 배치되는 통치행위를 할 때 이를 어떻게 제어할 수 있을까? 2008년 촛불집회가 제기한 근본 질문의 하나이다. 이는 "통치자는 누가 통제하는가?"라는 아리스토텔레스의 질문 이래 정치학의 오랜 숙제였다.

고대 아테네 민주주의에서는 통치자의 임기를 매우 짧게 하고, 추첨의 방법으로 선발과 교체를 빈번하게 함으로써 이 문제를 해결하려 했다. 통치자의 전횡 기회를 최대한 억제하려 한 것이다.

근대에 들어와 통치자의 책임은 사회계약론으로 설명되었다. 통치자와 시민 사이의 신뢰가 깨질 경우 시민은 저항권을 갖는다는 것이다. 그러나 통치자와 시민 간 계약의 실증적 기초가 있는 것은 아니어서 규범적 차원의 권리 이상일 수 없었다.

또 다른 접근은 국가권력을 분할하여 상호 견제하게 하는 방식이었다. 미국 헌법 제정자들에 의해 실현된 3권 분립이 대표적이다. 그러나 3권 분립은 국가 권력에 대한 시민적 통제권의 확대를 가져오지 않았다. 오히려 의회와 행정부는 서로의 권력을 경쟁적으로 확대했다. 두 권력 기구의 갈등 사이에서 사법부의 힘 역시 커졌다.

국민(주민)소환제와 같이, 시민이 직접 통치자에게 책임을 물을 수 있는 제도 또한 잘못된 통치자를 통제하는 방법의 하나로 실천되었다. 그러나 이 제도 역시 시민 주권을 약화시키고 사법부의 권능을 확대시키는 결과만 가져왔다. 소환 투표의 효력은 법원의 결정에 의존하며, 설령 소환이 이루어졌다 해도 유사한 인물 혹은 더 나쁜 인물이 선출되는 보수적 결과로 귀결되곤 했다. 아널드 슈워제네거(공화당)를 주지사로 만든 미국 캘리포니아 사례가 대표적이다. 우리의 경우도 주민 투표가 정치적 주도권을 잡기 위한 수단으로 동원되곤 했다는 사실을 기억할 필요가 있다.

민주주의에서 통치자에 대한 시민적 통제의 가장 이상적인 방식은 통치자 선발 과정이 곧 그런 효과를 갖게 하는 데 있다. 지금 우리의 경우 문제의 핵심은, 선거에서 다수에 의해 선출된 정부가 그 이후 실제 통치 과정에서 다수에 의해 반대되고 있다는 사실이다. 다시 말해 민주주의에서도 얼마든지 잘못된 통치자를 선발할 수 있다는 문제다. 수많은 도덕적 하자와 허위에도 불구하고 이명박이 당선될 수 있었던 조건을 변화시키지 않는 한, 잘못된 통치자를 뽑는 일은 반복될 수 있고 사후에 항의를 조직하는 소극적 방법에 만족해야 할지 모른다. 적극적인 정치 대안을 갖지 못하는 한, 궁극적으로 시민은 정치 계급들과 사회 기득 세력의 이익 추구에 휘둘리고 동원되는 무력한 존재일 수밖에 없다.

주기적 선거만으로 민주주의

조지 버나드 쇼(1856~1950년)

는 불충분하다. 좋은 정당 대안, 후보 대안이 있어야 한다. 노동을 포함해 사회의 중요한 집단 이익도 정치적으로 조직되고 대표될 수 있어야 한다. 단순히 대표되는 것만으로도 부족하다. 피터 마이어가 강조하듯, 민주주의의 발전은 보수적인 정당 간의 교체를 넘어 그 밖에 있는 진보적인 정당도 집권할 수 있을 정도가 될 때 완성된다. 그럴 때만이 민주주의는 잘못된 통치의 책임을 일상적으로 추궁하고 실질적으로 대체할 수 있는 전망을 갖게 된다.

영국을 대표하는 극작가 버나드 쇼는 민주주의는 '지루한 성공'만을 허용한다고 말한 바 있다. 오늘 당장은 잘못된 통치를 비판하고 저항해야겠지만, 결국엔 힘을 조직하고 대안을 형성해 집권할 수 있어야 한다.

강의를 마치며

고뇌는 위대한 자각과 깊은 심정을 가진 사람에겐 항상 필연적인 것이다.—도스토예프스키, 『카라마조프가의 형제들』 중에서

1

진보적인 것과 인간적인 것

강의를 마칠 시간이다. 그러니만큼 지금까지 강조하고 또 강조했던 바를 압축해서 말하는 것으로 이야기를 시작할까 한다.

이 책을 시작하며 미리 밝혔듯이 강의의 요점은 '진보적이되 정치적이어야 하고 인간적이어야 함'에 대한 것이다. 진보적인 것을 위해 개인의 삶을 희생해야 한다고 보거나 정치적으로 사고하는 것을 진보의 훼손 내지 도덕적 타락으로 이해하는 한, 진보 정치의 미래는 없다는 생각을 해야 한다.

진보 정치의 길을 개척하려는 사람들을 향해 '정치적'이라고 비난하고 '정치적이 아니라 진보적이어야 한다'를 강요함으로써, 진보가 '제대로 정치적'일 수 있는 기회나 공간을 제약하려는 잘못된 주장은 절제되어야 한다. 인간과 정치의 현실을 있는 그대로 이해하고 그 바탕 위에서 진보의 성취를 이루려고 노력하는 것이 중요하다는 것, 바로 이런 생각으로부터 시작해야 한다고 본다.

2

정치와 정치학

정치학을 전공했고 정치의 문제에 대해 어떤 형태로든 계속 말하게 되는 내 입장에서는, 언제든 누군가가 '정치란 무엇인가'라고 묻는 상황을 가정하게 된다. 그때마다 이렇게 답하곤 한다.

기본적으로 정치는 설명도 예측도 잘 안 되는 분야이다. 이론은 물론 합리적 분석으로도 포착하기 어려운 실천적 영역이다. 비유적으로 표현하면, '교과서가 없는 분야'라고 말하고 싶다. 경제학의 경우 교과서 없는 상황을 생각하기 어려운데, 그와 비교해 보면 정치학이 얼마나 대조적인지를 알 수 있다. 그 어떤 이론으로도 정치의 현실을 전체적으로 다 말할 수 없다. 정치에 대해 뭔가 포착했고 알게 됐다 싶으면 마치 손에 쥔 모래처럼 쓱 빠져 나간다.

제아무리 뛰어난 정치학자도 정치 현상의 일부만을 설명할 수 있을 뿐이다. 정치학자 출신으로 성공한 정치가를 본 적이 있는가? 아마 그런 사례는 찾기 어려울 것이다. 유능한 정치가가 뛰어난 정치학자를 거느리거나 자문을 구할 수는 있어도, 그 반대의 경우는 보기 어렵다. 그래서 좋은 정치가가 되는 것이 좋은 정치학자가 되는 것보다 훨씬 어렵고 위대한 일이라는 게 나의 생각이다.

한마디로 말해 정치란 정치학을 통해서 체계적으로 배우고 가르치기 어려운, 인간이 실제로 움직여서 성취를 이뤄 내야 할 매우 실천적인 분야라 할 수 있다. 그러니 제대로 된 정치가라면, 정치학을 몰라 정치를 못한다는 말이 알리바이가 되어서는 안 될 것이다. 적극적으로 생각하고 실천하면서 자기 자신과 타인의 과거 경험으로부터 지혜를 얻고자 하는 것이 먼저여야 한다. 그런 기초 위에서 정치학의 도움을 받을 생각을 해야지, 정치학을 배우면 뭔가 금방 잘할 것 같다는 환상을 가져서는 안 될 것이다.

3

정치의 윤리적 기초

정치란 불확정적이고 불가 예측적인 힘과 에너지, 열정이 표출하고 충돌하는 세계이다. 인간이 갖고 있는 모든 복잡함을 가장 풍부하게 표출하고 있는 세계라고도 할 수 있다. 정치의 이런 특징 때문에, 정치 행위의 윤리적 기초 역시 다른 영역과는 다를 수밖에 없다.

종교나 도덕 운동처럼 절대적 선과 옳음을 정치의 윤리적 기초로 삼는다면 십자군 전쟁의 비극이나 전체주의의 길을 피할 수 없다. 정치는 확실한 진리가 지배하는 곳이 아닌 불확실성이 존중되어야 하는 세계이다. 틀릴 수 있다고 가정해야 하고, 다른 사람으로부터 배울 수 있어야 하며, 어제보다 더 나은 실천을 하기 위해 고민하고 노력해야 하며, 그렇게 해서 나날이 진보할 수 있기를 희망해야 하는 곳이 정치다.

동시에 좋은 선택과 그렇지 않은 선택의 결과가 거의 재난에 가까운 차이를 만들어 낼 수 있는 곳도 정치다. 정치 없는 인간 공동체를 생각할 수는 있겠지만, 현실에서는 불가능한 일이다. 정치의 역할과 기능 없이 인간 사회가 평화와 안전을 만들고 유지할 수 있다고 믿는다면 그건 인간 현실을 무시하는 일이다.

인간 사회를 위해 반드시 필요한 것이 정치이지만, 그것이 매우 무서운 영역이라는 사실을 인식하는 것은 정말로 중요하다. 정치 행위란 위험한 선택을 감수해야 하는데, 바로 그 때문에 이념적으로나 규범적으로 옳은 선택이라고 해서 그것이 반드시 정치적으로 정당화될 수 있는 것은 아니라는 점을 늘 생각해야 한다.

정치 행위 내지 정치적 선택의 윤리성은 그것이 옳으냐 그르냐 하는 측면만이 아니라, 바람직한 성과를 낼 수 있느냐 없느냐 하는 '결과의 측면'에서도 고려되어야 하고, 이 양자의 균형을 만들어 가는 것이 정치가에게 부여된 '책임성' 혹은 책임 윤리라고 할 수 있다.

4
권력의 선용

정치와 정치가 아닌 것 사이에는 여러 차이가 있지만, 그 핵심은 권력의 문제에 있다. 대부분 진보적 인사들이 진보적인 것을 말하면서 그것을 정치적이지 않고 권력적이지 않은 어떤 것으로 상정할 때가 많으나, 그런 생각이 진보 정치에 미치는 영향은 부정적이었다.

권력과 통치의 기능 없이 인간 사회가 뭔가 의미 있는 성과를 낼 수 있다면 사실 정치란 필요 없을 것이다. 권력이라는 중심 요소 때문에 정치는 앞서 말한 대로 두렵고 무서운 영역일 수밖에 없다. 그것은 무엇보다도 권위와 복종, 폭력과 강제의 효과를 통해 작동하기 때문이다. 정치 없이 인간 사회를 말할 수 없고 권력의 기능 없이 정치를 말할 수 없다면, 진보 역시 정치와 권력을 현실적으로 이해해야 할 것이다.

권력의 문제를 끌고 들어오는 것을 두려워하는 진보라면 사회운동이나 사회봉사 내지 종교적 헌신을 하는 것이 좋다고 생각한다. 권력의 기능과 역할이 선한 방향으로 발휘되어 성과를 내야 하고 그와 동시에 권력이 자의적으로 행사되지 않도록 하는 데 고민이 있어야 하는데도, 자신은 권력적이지 않다는 것을 강변하거나 권력에 물들지 않고 낮은 곳에 임하는 '아름다운 진보'만을 반복해서 말하는 것으로 자신의 도덕적 권세를 유지하는 사람들의 한가한 습속은 자제되어야 한다고 본다.

지금까지 말한 정치의 특성 때문에, 정치가 혹은 정치를 직업으로 선택하려는 사람은 반드시 폭력과 강제를 본질로 하는 권력의 기능을 선용할 수 있는 담대함과 그만한 능력을 갖춰야 한다. 정치의 현실을 있는 그대로 이해하고 권력의 문제를 적극적으로 대면해야 할 도전으로 받아들임으로써, '정치적이지 않고 권력적이지 않아야 한다.'라는 잘못된 도덕론에 위축되지 말아야 할 것이다.

정치적으로 성과를 내고 권력을 선한 목적에 사용할 강한 의지를 가져야 한다는 사실을 다시 강조하고 싶다. 내면이 단단해야만 변명이나 알리바이에 의존하지 않고 정치의 현실을 헤쳐 나갈 수 있기 때문이다.

5

좋은 정당의 중요성

현대 민주주의에서 권력 문제의 핵심은 대표 내지 정치가의 결정에 일정한 자율성을 부여하는 것과 관련되어 있다. 앞서도 말했지만 시민이 직접 통치에 참여했던 고대 그리스 시대의 정치는, 노예와 여성에게 생산과 재생산을 전담시킨 시민 집단의 여가에 그 기초를 둔 아주 작고 동질적인 통치 단위에서 실천되었다. 따라서 과거 도시국가와는 달리 대규모 영토 국가의 형태를 띠고, 고도로 분화된 사회구조와 기능을 필요로 하는 현대 정치체제에서 대의 민주주의를 부정하고 시민의 직접 통치 내지 집회 민주주의, 광장 민주주의를 대안으로 말하는 것은 비현실적이다 못해 위험한 일이다.

대의 민주주의를 제대로 잘하고 그것을 위해 좋은 정당을 만들고 발전시키며, 적극적으로 지지할 만한 정당 대안을 통해 투표의 가치를 높이는 것이 중요하지, 그런 것들을 부정하는 추상적 논의 속에서 자족할 일이 아니다. 다시 강조하건대, 현대 민주주의는 '시민의 직접 지배' 체제가 아니라 '시민의 동의에 의한 지배' 체제다. 좋은 정당도 필요하고 좋은 정치가도 필요하고 좋은 지지자도 필요한 것이 현대 민주주의다.

진보도 집권해서 통치자가 되어야 한다. 권력을 선용할 수 있는 정치 이론도 발전시켜야 한다. 유능한 정치 엘리트를 배출해야 하고 그들을 중심으로 수많은 지지자를 대규모로 결집할 수 있어야 한다. 정책 전문가도 필요하고 다양한 형태의 활동가도 필요하다. 당비를 내고 당 활동에 적극적으로 참여하는 당원도 필요하며 재정 후원자도 필요하다.

정치에서 사람도 중요하지만 돈도 중요하다. 돈 문제에 관심 없다고 말하는 것은 쉬운 일이다. 그 말은 곧 무능력한 정치가가 되겠다는 뜻과 별반 다르지 않다. 당비의 형태든 후원금의 형태든 돈을 만드는 문제에서도 유능해야 한다. 정치에서의 비극은 돈 때문이 아니라 돈의 위력에 압도되어 늘 변명을 찾는 인간의 나약함에서 비롯된다는 생각을 해야 한다.

6
리더십 있는 민주주의

지배와 통치, 폭력의 존재를 부정한다면 그건 인간 사회의 정치가 아닐 것이다. 인간이 천사가 아닌 이상 정치는 필요하고 그 위험한 분야를 담대하게 다룰 사람도 필요하고, 그만한 기술과 역량 그리고 지식도 필요하다. 민중적인 것, 진보적인 것의 가치만 앞세우면서 정치적인 것의 중요성을 소홀히 하는 사람을 신뢰하기는 어려운 일이다.

정치가들에게 적극적인 역할을 할 수 있는 기회를 주고, 리더십의 순기능이 정당 안에서 어떻게 자리 잡게 할지를 고민하고, 우리의 현실에 맞는 정당 민주주의 모델을 개척해 갈 수 있어야 할 것이다. 그간 시민 여론과 단절된 채 자신들만의 게토를 구축해 왔던 진보 정당들, 그마저도 몇 개의 소문화주의로 분열되어 대립해 온 진보 정당들이 스스로의 폐쇄적 악순환 구조를 끊을 수 있는 길은 더 넓고 광활한 정치의 세계로 과감하게 나서는 것밖에는 없다.

정치가다운 정치가가 없는 정당이라면, 리더십의 적극적인 역할을 인정하려 하지 않는 정당이라면, 그건 진보연하는 호사가들의 서클이지 진보적 가치를 대중적으로 실천하는 제대로 된 정당일 리가 없다. 대규모 대중 정치의 영역에서 성과를 내는 것을 바탕으로 당내의 여러 문제와 분열의 요소들을 개선해 가야 할 것이다.

그러려면 잠재력 있는 정치 엘리트들을 더그아웃에 가두어 놓고 폐쇄적인 다툼만을 계속하게 할 것이 아니라, 그들이 넓은 경기장으로 달려 나가 자신들의 기량을 경쟁적으로 발휘할 수 있도록 해야 할 것이다. 정치 엘리트 없는 민주주의, 리더십 없는 민주주의에서는 일반 대중의 영향력이 커지는 것이 아니라 필연적으로 붕당과 정파의 권력이 커진다는 것, 이는 적어도 내가 정치학을 통해 배운 가장 기초적인 이론 가운데 하나이다.

통치의 정치학을 진보가 발전시키지 않은 채, 저항의 정치학만 고수한다면 끊임없이 제기될 이슈들과 요구들 사이에서 분열만 계속하게 될 것이다. 받아들이기 괴로울 수도 있겠지만, 이것이 인간이 대면할 수밖에 없는 정치의 현실이고 이를 있는 그대로 이해하면서 진보 정치가 성장해 가야 할 것이다.

7
인간의 정치와 정치적 이성

정치적 이성을 갖춘 정치가 내지 활동가들은 겸손하고 신중해진다는 것, 마지막으로 이 점을 강조하고 싶다. 과도한 확신과 비타협적 이상주의는 비정치적 사고의 산물일 때가 많으며, 결국 현실의 복잡함과 갈등 속에서 성과를 일궈 내고자 하는 사람들의 노력을 비난하는 논리를 제공하는 것 이상 큰 도움이 되지 않을 때가 많다.

정치적인 것의 가치를 이해할수록, 정치적인 것의 위험성을 깊이 수긍할수록, 그리고 권력이나 지배 같은, 정치 현상의 불가피한 본질을 더 깊이 이해할수록, 그는 반드시 인간적이 되고 신중해지며 말하는 내용도 풍부해진다. 그렇지 않고 운동과 이념의 논리만을 과도하게 강조하는 사람들은, 자신들이 무조건 옳고 역사 발전에 대해 모두 안다고 생각하기 때문에 무례하고 공격적이다.

주장이 강하고 비타협적이기 때문에 그들은 자신들끼리 폐쇄적 의견 집단을 형성해 그들만의 세계 속에서 살고 그 밖에 있는 사람들을 무시하기 쉽다. 이런 사람들에게서 발견되는 특징이 하나 있는데, 그것은 '모른다'는 말을 못한다는 것이다. 어느 인간도 모두 알 수는 없기에 웬만한 대화에서 '그건 내가 잘 모른다'라고 해야 할 때가 많을 텐데, 그런 경우는 거의 없다. 그렇게 '뭐든 아는 척'을 하는 게 고칠 수 없는 병이 된 게 아닌가 여겨질 때가 많다.

'자신의 무지에 대한 자각' 없이는 넓게 협력하기 어렵다고 생각해야 한다. 인간의 한계에 대한 깊은 인식만이 다른 사람들에게 의존하고 협력하도록 나를 이끌기 때문이다. 정치적 이성을 갖춘 사람은, 앞서 끊임없이 강조했듯이 늘 내가 틀릴 수 있고, 그래서 타인으로부터도 배워야 하고, 내가 다루는 무기들이 위험하다는 사실을 책임감 있게 자각하는 사람들이다. 협력과 공존의 가치를 중시하는 사람도 이들이다.

8

인간적인 삶을 풍부하게 하는 정치

몇 번을 강조하지만, 인간은 천사가 아니고 천사에게 정치를 맡길 수도 없다. 모든 시민이 아리스토텔레스가 될 수도 없다. 보통의 시민, 평균적 인간의 한계 위에서 현실의 정치가 이루어진다는 점을 생각해야 한다. 정치적 판단의 대부분은 해소할 수 없는 윤리적 딜레마, 이익과 열정을 달리하는 집단들 간의 이견 속에서 이루어진다. 아무리 설득하고 차이를 좁히려 해도 완벽한 일치를 이룰 수 없는 차이와 갈등도 많다. 괴롭고 고통스럽지만 이런 사실을 인정할 때 현실에 가깝고 뭔가 실천 가능한 정치 이야기를 할 수 있다.

인간적 삶을 풍부하고 의미 있게 살기 위해 진보적이어야 하고, 민주주의의 정치적 내용이 가난한 서민들에게도 공정하게 실천될 수 있도록 하기 위해 진보적이어야 하지, 거꾸로 진보적인 것에 정치적이고 인간적인 가치를 종속시켜서는 안 될 것이다. 그럴 경우

폭넓은 시민 대중의 지지를 조직하기는커녕 진보파 스스로 자기 소진적 결과만을 가져올 것이다. 인간의 정치를 현실적으로 이해하는 기초 위에서 진보의 길을 깊고 넓게 개척해 가야 할 것이다.

진보적인 것만을 앞세우는 접근은 주변 사람들에게 과도한 자기 확신을 강요하기 쉽다. 그렇기 때문에 자신만이 아니라 주변을 분열과 상처로 얼룩지게 하고, 인격적인 요소를 경시하게 만들어 진보 정치를 사회로부터 고립시키며, 정치적 냉소주의와 허무주의를 확산시키는 부작용을 낳는다.

민주주의하에서는 진보도 여러 정치 세력의 하나이고 스스로의 권위와 영향력은 다른 정파와의 민주적 경쟁을 통해 성취해야 하는 것으로 이해해야 한다. '보수 없는 진보 세상'을 꿈꾸는 것은 민주적인 것과는 거리가 먼 전체주의에 가까운 태도가 아닐 수 없다. 보수 등 다른 정파와 정치적으로 경쟁해야 한다. 그렇지 않고 이념이 다르다고 적대하거나 인격적으로 배척하고 무시하는 식은 곤란하다. 그건 진보적인 태도라 할 수 있을지는 몰라도 인간적인 가치와는 양립하기 어렵다.

진보파들만큼 '경쟁'이라는 단어를 싫어하는 사람들도 없어 보이는 게 우리의 현실이다. 과도한 시장 경쟁의 부정적 효과를 비판하는 것은 좋으나 경쟁이라는 개념 자체를 부정하는 것은 곤란하다. 경쟁은 이견을 전제한 개념이고 이견은 민주주의의 출발점이다.

정치가 파당성을 동반할 수밖에 없다는 것은 분명한 사실이다.

파당적인 것과는 무관하게 누구나 따를 수 있는 판단을 제공할 수 있다고 믿는 정치가나 지식인이 있다면 나는 그를 신뢰하지 않을 것이다. 그러나 파당적으로 말하고 글을 쓸 수밖에 없다 하더라도 최대한 보편적이고 아름답게 표현되어야 한다. 아름다움에 대한 자각이 없는 진보파라면 매력을 갖기 어려울 것이다. 아름다운 삶과 같은 인간의 보편적 가치를 중시하는 진보파가 많아졌으면 좋겠다.

요컨대 정치적 이성이란 기본적으로 불확실성에 대한 존중, 무지의 가능성에 대한 자각, 진보만이 지배하는 세상이 아닌 이념과 가치의 다원주의, 누구든 의견을 가질 권리가 있다는 것의 존중, 타인에 대한 인간적 정중함과 관용 등을 내용으로 한다. 그 기초 위에서 진보가 진보다워야 할 것이다. 진보적인 것을 위해 정치를 부정하면 안 된다. 진보는 지금보다 더 그리고 제대로 정치적이어야 할 것이다.

정치에 주목해야 한다. 민주주의가 허용하고 있는 정치라는 가능의 공간을 지금보다 더 활짝 열어야 한다. 진보의 열정이 정치적 이성과 만나고 그것이 좀 더 넓고 풍부한 인간적인 기초 위에서 성장해 갈 때 진보 정치는 매력을 키울 수 있을 것이다. 그런 매력을 갖게 될 때 진보는 한국 정치의 주변을 박차고 나와 민주주의의 발전에 중심적 기여자가 될 것이다. 그렇게 되기를 진심으로 기대한다.

•••••

한동안 나는 내 자신을 들여다보면서 도대체 인간이란 무엇인가를 이해하고자 씨름하는 것으로 시간을 보냈다. 내 안에 있는 어두운 측면과 사악한 요소를 부정할 수 없었고, 그런 내면을 드러내 보일 수 없어서 괴로워하기도 했다. 인간의 근원적 한계를 인정하면서, 또 인생이란 게 한순간 타오르고 말, 티끌에 불과하다는 것을 인정하면서도, 어떻게 정치의 미래, 정치의 적극성을 말할 수 있을까?

이번 강의는 어쩌면 나 스스로에게 질문했던 것들에 대한 잠정적 대답인 측면도 있었다. 아직 충분히 다듬어지지 않은 나의 생각을 들어 준 모든 수강자들에게 감사한다. 우리가 한 10년쯤 지나 다시 만나서 정치적 삶에 관해 이야기하게 된다면, 그때 우리는 지금보다 더 지혜롭고 행복한 삶을 말하게 될 것인가? 이 질문을 우리 모두가 안고 나갈 숙제라고 생각하면서, 이상으로 강의를 모두 마친다.

후마니타스의 책 | 발간순

러시아 문화사 | 슐긴·꼬쉬만·제지나 지음, 김정훈·남석주·민경현 옮김

북한 경제개혁 연구 | 김연철·박순성 외 지음

선거는 민주적인가 | 버나드 마넹 지음, 곽준혁 옮김

미국 헌법과 민주주의 | 로버트 달 지음, 박상훈·박수형 옮김

한국 노동자의 임금정책과 임금실태 | 김유선 지음

위기의 노동 | 최장집 엮음

다보스, 포르투알레그레 그리고 서울 | 이강국 지음

과격하고 서툰 사랑고백 | 손석춘 지음

그래도 희망은 노동운동 | 하종강 지음

민주주의의 민주화 | 최장집 지음

민주화 이후의 민주주의(개정2판) | 최장집 지음

침묵과 열광 | 강양구·김범수·한재각 지음

미국 예외주의 | 세미무어 마틴 립셋 지음, 문지영·강정인·하상복·이지윤 옮김

조봉암과 진보당 | 정태영 지음

현대 노동시장의 정치사회학 | 정이환 지음

일본 전후 정치사 | 이시가와 마스미 지음, 박정진 옮김

환멸의 문학, 배반의 민주주의 | 김명인 지음

민주주의의 민주화 | 최장집 지음

어느 저널리스트의 죽음 | 손석춘 지음

전태일 통신 | 전태일기념사업회 엮음

정열의 수난 | 문광훈 지음

비판적 실재론과 해방의 사회과학 | 로이 바스카 지음, 이기홍 옮김

아파트 공화국 | 발레리 줄레조 지음, 길혜연 옮김

민주화 20년의 열망과 절망 | 경향신문 특별취재팀 지음

비판적 평화연구와 한반도 | 구갑우 지음

미완의 귀향과 그 이후 | 송두율 지음

한국의 국가형성과 민주주의 | 박찬표 지음

부동산 신화는 없다 | 전강수·남기업·이태경·김수현 지음, 토지+자유연구소 기획

양극화 시대의 한국경제 | 유태환·박종현·김성희·이상호 지음

절반의 인민주권 | E. E. 샤츠슈나이더 지음, 현재호·박수형 옮김

민주주의와 법의 지배 | 아담 쉐보르스키·호세 마리아 마리발 외 지음, 안규남·송호창 외 옮김

박정희 정부의 선택 | 기미야 다다시 지음

의자를 뒤로 빼지마 | 손낙구 지음, 신한카드 노동조합 기획

와이키키 브라더스를 위하여 | 이대근 지음

존메이너드 케인스 | 로버트 스키델스키 지음, 고세훈 옮김

시장체제 | 찰스 린드블룸 지음, 한상석 옮김

권력의 병리학 | 폴 파머 지음, 김주연·리병도 옮김

팔레스타인 현대사 | 일란 파페 지음, 유강은 옮김

자본주의 이해하기 | 새뮤얼 보울스·리처드 에드워즈·프랭크 루스벨트 지음,
            최정규·최민식·이강국 옮김

한국정치의 이념과 사상 | 강정인·김수자·문지영·정승현·하상복 지음

위기의 부동산 | 이정전·김윤상·이정우 외 지음

산업과 도시 | 조형제 지음

암흑의 대륙 | 마크 마조워 지음, 김준형 옮김

부러진 화살(개정판) | 서형 지음

냉전의 추억 | 김연철 지음

현대 일본의 생활보장체계 | 오사와 마리 지음, 김영 옮김

복지한국, 미래는 있는가(개정판) | 고세훈 지음

분노한 대중의 사회 | 김헌태 지음

정치 에너지 | 정세균 지음

워킹 푸어, 빈곤의 경계에서 말하다 | 데이비드 K. 쉬플러 지음, 나일등 옮김

거부권 행사자 | 조지 체벨리스트 지음, 문우진 옮김

초국적 기업에 의한 법의 지배 | 수전 K. 셀 지음, 남희섭 옮김

한국 진보정당 운동사 | 조현연 지음

근대성의 역설 | 헨리 임·곽준혁 지음

브라질에서 진보의 길을 묻는다 | 조돈문 지음

동원된 근대화 | 조희연 지음

의료 사유화의 불편한 진실 | 김명희·김철웅·박형근·윤태로·임준·정백근·정혜주 지음

대한민국 정치사회 지도(수도권 편) | 손낙구 지음

대한민국 정치사회 지도(집약본) | 손낙구 지음

인권을 생각하는 개발 지침서 | 보르 안드레아센·스티븐 마크스 지음, 양영미·김신 옮김

불평등의 경제학 | 이정우 지음

왜 그리스인가 | 자클린 드 로미이 지음, 이명훈 옮김

민주주의의 모델들 | 데이비드 헬드 지음, 박찬표 옮김

노동조합 민주주의 | 조효래 지음

유럽 민주화의 이념과 역사 | 강정인·오향미·이화용·홍태영 지음

우리, 유럽의 시민들? | 에티엔 발리바르 지음, 진태원 옮김

지금, 여기의 인문학 | 신승환 지음

비판적 실재론 | 앤드류 콜리어 지음, 이기홍·최대용 옮김

누가 금융 세계화를 만들었나 | 에릭 헬라이너 지음, 정재환 옮김

정치적 평등에 관하여 | 로버트 달 지음, 김순영 옮김

한낮의 어둠 | 아서 쾨슬러 지음, 문광훈 옮김

모두스 비벤디 | 지그문트 바우만 지음, 한상석 옮김

진보와 보수의 12가지 이념 | 폴 슈메이커 지음, 조효제 옮김

한국의 48년 체제 | 박찬표 지음

너는 나다 | 손아람·이창현·유희·조성주·임승수·하종강 지음

　　　　　　(레디앙, 삶이보이는창, 철수와영희, 후마니타스 공동 출판)

정치가 우선한다 | 셰리 버먼 지음, 김유진 옮김

대출 권하는 사회 | 김순영 지음

인간의 꿈 | 김순천 지음

복지국가 스웨덴 | 신필균 지음

대학 주식회사 | 제니퍼 워시번 지음, 김주연 옮김

국민과 서사 | 호미 바바 편저, 류승구 옮김

통일 독일의 사회정책과 복지국가 | 황규성 지음

아담의 오류 | 던컨 폴리 지음, 김덕민·김민수 옮김

기생충, 우리들의 오래된 동반자 | 정준호 지음

깔깔깔 희망의 버스 | 깔깔깔 기획단 엮음

노동계급 형성과 민주노조운동의 사회학 | 조돈문 지음

시간의 목소리 | 에두아르도 갈레아노 지음, 김현균 옮김

법과 싸우는 사람들 | 서형 지음

작은 것들의 정치 | 제프리 골드파브 지음, 이충훈 옮김

경제 민주주의에 관하여 | 로버트 달 지음, 배관표 옮김

정치체에 대한 권리 | 에티엔 발리바르 지음, 진태원 옮김

작가의 망명 | 안드레 블첵·로시 인디라 지음, 여운경 옮김

지배와 저항 | 문지영 지음

한국인의 투표 행태 | 이갑윤

그들은 어떻게 최고의 정치학자가 되었나 1·2·3 | 헤라르도 뭉크·리처드 스나이더 지음, 정치학 강독 모임 옮김

이주, 그 먼 길 | 이세기 지음

법률가의 탄생 | 이국운 지음

헤게모니와 사회주의 전략 | 에르네스토 라클라우·샹탈 무페 지음, 이승원 옮김

갈등과 제도 | 최태욱 엮음

자연의 인간, 인간의 자연 | 박호성 지음

마녀의 연쇄 독서 | 김이경 지음

평화는 어떻게 만들어지는가 | 존 폴 레더라크 지음, 김동진 옮김

스웨덴을 가다 | 박선민 지음

노동 없는 민주주의의 인간적 상처들 | 최장집 지음

광주, 여성 | 광주전남여성단체연합 기획, 이정우 편집

한국 경제론의 충돌 | 이병천 지음

고진로 사회권 | 이주희 지음

올로프 팔메 | 하수정 지음

세계노동운동사 1·2·3 | 김금수 지음

다운사이징 데모크라시 | 매튜 A. 크렌슨·벤저민 긴스버그 지음, 서복경 옮김

만들어진 현실(개정판) | 박상훈 지음

민주주의의 재발견 | 박상훈 지음

정치의 발견(개정3판) | 박상훈 지음

세 번째 개통은 네가 먹어야 한다[자유인 인터뷰 1] | 김경미 엮음

나는 라말라를 보았다 | 무리드 바르구티 지음, 구정은 옮김

가면권력 | 한성훈 지음

반성된 미래 | 참여연대 기획, 김균 엮음

선택이라는 이데올로기 | 레나타 살레츨 지음, 박광호 옮김

세계화 시대의 역행? 자유주의에서 사회협약의 정치로 | 권형기 지음

위기의 삼성과 한국 사회의 선택 | 조돈문·이병천·송원근·이창곤 엮음

말라리아의 씨앗 | 로버트 데소비츠 지음, 정준호 옮김

허위 자백과 오판 | 리처드 A. 레오 지음, 조용환 옮김

민주 정부 10년, 무엇을 남겼나 | 참여사회연구소 기획, 이병천·신진욱 엮음

민주주의의 수수께끼 | 존 던 지음, 강철웅·문지영 옮김

왜 사회에는 이견이 필요한가(개정판) | 카스 R. 선스타인 지음, 박지우·송호창 옮김

관저의 100시간 | 기무라 히데아키 지음, 정문주 옮김

우리 균도 | 이진섭 지음

판문점 체제의 기원 | 김학재 지음

불안들 | 레나타 살레츨 지음, 박광호 옮김

스물다섯 청춘의 워킹홀리데이 분투기 | 정진아 지음

민중 만들기 | 이남희 지음, 유리·이경희 옮김

불평등 한국, 복지국가를 꿈꾸다 | 이정우·이창곤 외 지음

알린스키, 변화의 정치학 | 조성주 지음

유월의 아버지 | 송기역 지음

정당의 발견 | 박상훈 지음

비정규 사회 | 김혜진 지음

출산, 그 놀라운 역사 | 티나 캐시디 지음, 최세문·정윤선·주지수·최영은·가문희 옮김